LE MOUVEMENT LITURGIQUE

T0145655

BERNARD BOTTE, O.S.B.

LE MOUVEMENT LITURGIQUE

TÉMOIGNAGE ET SOUVENIRS

DESCLÉE

ISBL 2—7189—0003—2

Nihil obstat. V. Descamps, can. libr. cens.

Imprimatur. Tornaci, die 24 octobris 1973. T. Thomas, vic. gen.

© by Desclée et Cie, Paris

Printed in Belgium

All rights reserved

A la mémoire de dom Lambert Beauduin
à l'occasion du centenaire de sa naissance
4 août 1873

Introduction

Il y a deux espèces d'écrivains. Il y a les écrivains de vocation, qui sont poussés à écrire par une nécessité intérieure, qui croient avoir un message à transmettre à leurs semblables et qui veulent le faire le mieux possible. La seconde espèce est celle des écrivains à la commande. Ce sont des gens qui ont été amenés par les hasards de la vie à écrire quelque chose et à qui on est venu demander de continuer. Une fois pris dans l'engrenage, ils ne peuvent plus se dégager. Je crois appartenir à la corporation de ces honnêtes tâcherons. Quand je parcours ma bibliographie, je ne vois rien qui ne m'ait été demandé par quelque éditeur, directeur de revue ou organisateur de congrès. Jamais je n'aurais songé de moi-même à entreprendre une édition de la *Tradition apostolique* de saint Hippolyte, et moins encore de glisser ma prose dans la très sérieuse *Encyclopaedia Britannica*, entre Hippocrate et Hippopotame, avec l'article *Hippolyt (Canons of)*.

Or voilà qu'au moment du repos, je m'assieds devant mon Erika pour écrire des choses que personne ne m'a demandées. Aurais-je découvert sur le tard que j'ai moi aussi un message à transmettre au monde et que je ne veux pas mourir avant de l'avoir fait? Je n'ai pas cette naïveté. Est-ce que, en vertu de la vitesse acquise, je ne peux pas m'arrêter, comme ce personnage de « Zazie dans le métro », qui, après avoir descendu l'escalier de la tour Eiffel, continue à tourner devant la sortie? C'est possible, mais j'aimerais tout de même donner une meilleure justification de mon entreprise. Alors, voici ce que j'ai trouvé.

J'ai été témoin du mouvement liturgique à ses origines, et je suis sans doute le dernier. J'y ai été mêlé personnellement pendant de longues années et j'ai connu la plupart des hommes qui ont eu quelque influence. Peut-être dans une vingtaine d'années des historiens éprouveront-ils le désir de m'interroger, mais je ne serai plus là pour leur répondre. Alors je leur réponds par avance. En somme, c'est une commande anticipée à laquelle j'obéis.

Si le lecteur n'est pas satisfait de cette explication, il est libre d'en proposer une autre. En tout état de cause, qu'il ne cherche pas ici des révélations sensationnelles. Je n'ai pas de documents secrets à publier. Les faits que je rappellerai sont connus et je ne pourrai y ajouter que des détails. Mais ce que je voudrais faire surtout, c'est donner à ces faits un éclairage différent de celui sous lequel les voient les historiens qui travaillent sur des archives, c'est-à-dire sur des papiers. Les gens dont ils parlent ne sont pour eux que des noms. Pour moi, ce sont des personnages vivants qui méritent mieux que l'oubli.

1
Le point de départ

Pour comprendre un mouvement, il faut connaître son point de départ. Qu'était la pratique liturgique au début du XXe siècle? Les jeunes d'aujourd'hui ne peuvent évidemment pas l'imaginer. Mais les moins jeunes — ceux qui arrivent à la cinquantaine — se tromperaient en se référant à leurs souvenirs d'enfance, car en vingt ans beaucoup de choses avaient changé. Il faut revenir aux toutes premières années du siècle, au moment où je suis entré au collège. Je tiens à dire que je n'ai pas été un de ces enfants martyrs qui subissent le collège comme un bagne et en restent traumatisés pour le reste de leurs jours. Mes critiques ne sont donc pas inspirées par la rancœur. J'aimais mon vieux collège et je m'y suis en somme bien amusé. Je n'étais pas davantage un enfant précoce dont le sens esthétique pouvait être blessé par la pauvreté littéraire et musicale de ce qu'on nous faisait chanter, et je braillais avec les autres, en toute innocence : « O Jésus, tu m'embrases de célestes extases », ou bien : « Volez, volez, anges de la prière ». Mes critiques sont rétrospectives. C'est avec le recul du temps que j'essaie de revoir les faits et de les comprendre.

Tous les matins à 8 heures, il y avait une messe à la

chapelle des élèves. C'était en fait une grande salle d'étude dans laquelle on avait placé des deux côtés d'une allée centrale une série de bancs. Au fond il y avait une petite abside entre deux sacristies, avec un autel unique. La messe était dite par un vieux Père à peu près aphone; même au premier rang on ne percevait qu'un murmure. On se levait à l'évangile, mais ce qu'était cet évangile, personne ne songeait à nous le dire. On ne savait même pas quels saints on fêtait ou pour quels défunts on célébrait des messes en noir. Le missel pour les fidèles était inexistant. On pouvait se plonger dans n'importe quel livre de prière. Mais on nous tirait de temps en temps de notre somnolence en récitant tout haut quelques dizaines de chapelet ou en chantant un motet latin ou un cantique français. Le seul moment où l'on priait avec le prêtre était après la messe, quand le célébrant, agenouillé au pied de l'autel, récitait les trois *Ave Maria* avec le *Salve Regina* et autres prières prescrites par Léon XIII. Il n'était pas question de communier à cette messe. D'ailleurs à l'époque personne ne semblait voir un rapport entre la messe et la communion.

Dans les deux paroisses de ma ville natale, ce n'était pas beaucoup mieux. Il y avait des messes chantées, mais c'était un dialogue entre le clergé et le clerc-organiste. Le peuple restait muet et passif. Chacun peut à son gré réciter le chapelet ou se plonger dans *Les plus belles prières de saint Alphonse de Ligori* ou *L'imitation de Jésus-Christ*. Quant à la communion, on peut la recevoir avant la messe, après la messe ou au milieu de la messe, mais jamais au moment prévu par la liturgie. C'est une question d'horaire : on donne la communion tous les quarts d'heure. Quand une messe commence à l'heure, on est sûr de voir, au quart sonnant, un prêtre en surplis qui sort de la sacristie, se précipite à l'autel et interrompt le célébrant pour extraire un ciboire du tabernacle. Le célébrant peut alors continuer la messe jusqu'au moment où on le dérangera de nouveau pour remettre le ciboire dans le tabernacle. Le doyen de la Ville-Haute à Charleroi, Monseigneur Lalieu, docteur en théologie et auteur d'un livre sur la messe, consulté par une de mes sœurs sur le meilleur moment pour communier, lui conseille de communier avant la messe et d'offrir celle-ci en action de grâce. Cela nous semble étrange, mais il faut tenir compte des idées de l'époque. La messe a cessé d'être la prière de la communauté chrétienne. C'est le clergé qui s'en charge entièrement en son nom. Dès lors les fidèles ne peuvent s'y associer que de loin et se livrer à leur dévotion personnelle. La communion apparaît comme une dévotion privée sans lien spécial avec la messe.

C'est donc le clergé qui a la charge de la liturgie. Comment s'en acquitte-t-il? En général avec dignité, en observant les rubriques. Il y a cependant quelque chose de curieux. Presque tous paraissent terriblement pressés et sont affligés d'une singulière maladie du langage. Même sans connaître le latin, on ne pouvait manquer de s'apercevoir qu'ils bredouillaient et avalaient bon nombre de syllabes. Et quand on connaissait le latin, on faisait des découvertes savoureuses. J'ai connu un prêtre qui, en télescopant dans son *Confiteor* l'archange saint Michel et saint Jean-Baptiste, avait créé un nouveau saint : *beato Michaeli Baptistae*. C'est le même qui, à la communion, prononçait régulièrement : *Ecce Agnus Dei, ecce peccata mundi*. Cela ne semblait scandaliser personne quand cela ne dépassait pas la mesure, mais ce cafouillage n'ajoutait rien à la beauté des offices.

Pendant ce temps, les fidèles priaient comme ils pouvaient, chacun de son côté. Les seuls moments où ils priaient ensemble étaient quand on récitait le chapelet à haute voix ou quand on chantait des cantiques. On s'est beaucoup moqué de ces cantiques, et il est vrai qu'il y en avait de ridicules. Il serait peut-être amusant de faire une anthologie de cette littérature. Mais ce jeu de massacre est trop facile, et, au fond, c'est injuste. Car des milliers de gens simples ont trouvé dans ces couplets naïfs un aliment pour leur piété, et en les chantant ensemble, ils ont pu sentir un moment qu'ils n'étaient pas une foule anonyme, comme des voyageurs rassemblés par hasard dans un hall de gare, mais une communauté fraternelle de croyants. Le scandale n'est pas que les chrétiens aient chanté ces cantiques, c'est qu'ils n'aient pas eu d'autre nourriture pour alimenter leur foi et leur piété. Car, il faut le reconnaître, la prédication était alors à son niveau le plus bas.

Je m'en voudrais de jeter le discrédit sur une génération de prêtres qui m'a toujours paru respectable. Les prêtres que j'ai connus dans ma jeunesse étaient presque tous des hommes pieux et dévoués. Ils vivaient simplement, très près de leur peuple, surtout dans les paroisses ouvrières. Le seul luxe qu'on aurait pu leur reprocher était leur cave à vin. Mais le vin était à peine un luxe en Belgique en ces années d'abondance. Dans le clergé, c'était une vieille tradition d'hospitalité. Il fallait qu'un curé qui recevait ses confrères, à l'occasion de l'Adoration ou d'une réunion décanale, puisse leur offrir un bon repas avec du vin. Dans mon diocèse, il y avait une mesure qu'on ne pouvait dépasser et qui tenait dans la règle : *una minus*; c'est-à-dire que, si on était dix, on ne pouvait boire que neuf bouteilles. En dehors de ces agapes, la plupart des prêtres vivaient modestement et ils se montraient charitables et généreux. On ne se privait pas de rire de leurs manies et de leurs originalités, mais on les respectait. Il y avait de rares exceptions, mais elles ne faisaient que confirmer la règle : les prêtres que j'ai connus dans mon enfance ne ressemblaient en rien aux caricatures qu'on voyait dans *L'assiette au beurre*. C'étaient de bons prêtres, conscients de leurs responsabilités. Alors comment expliquer qu'on en soit venu à une situation qui nous paraîtrait aujourd'hui insupportable? Il faut se rappeler ce qu'était la formation qu'ils avaient reçue.

La plupart des prêtres avaient fait les six années d'humanités gréco-latines avant d'entrer au séminaire. Ils faisaient ensuite deux années de philosophie et au moins trois années de théologie. Que valait leur formation théologique?

La base de l'enseignement était la théologie dogmatique. Les divers traités s'étaient formés graduellement, au hasard des controverses avec les protestants, les jansénistes et les philosophes. Après le Concile de Vatican I, les théologiens semblaient s'être un peu assoupis et leurs recherches se portaient sur des disputes d'écoles sans grand intérêt. Tout cela était condensé en des manuels squelettiques, faits d'une série de thèses qu'on prétendait démontrer par des arguments sommaires tirés de l'Écriture, des Pères et des conciles. Tout cela était horriblement sec et mal équilibré. On ne voit pas comment cela aurait pu servir à la prédication, sinon pour vérifier si on ne tombait pas dans l'hérésie.

On aurait pu espérer trouver un correctif dans les cours d'Écriture sainte. Malheureusement il n'en était rien, et même la situation était pire. L'exégèse catholique avait pris, vis-à-vis de la critique protestante ou indépendante, une position radicalement négative. Dès lors le cours d'Écriture sainte devenait un cours d'apologétique. Il fallait réfuter les adversaires, et puis résoudre des difficultés parfois imaginaires. C'est le cas du fameux lièvre biblique. On m'a regardé d'un air incrédule, il n'y a pas bien longtemps, parce que je rappelais que ce lièvre avait troublé le sommeil des exégètes. La Bible classe le lièvre parmi les ruminants, ce qui est une erreur certaine aux yeux des naturalistes. Comment expliquer que l'Esprit-Saint ait si mal inspiré Moïse? Ceux qui s'intéressent au problème trouveront un essai de solution dans le *Dictionnaire apologétique de la foi catholique* du Père A. d'Alès, et ils verront que je n'invente rien. Les manuels bibliques étaient encombrés de problèmes du même genre : authenticité mosaïque du Pentateuque, création en six jours, universalité du déluge, arrêt du soleil par Josué, concordance et discordance des évangiles et bien d'autres questions analogues. Les manuels d'Écriture sainte devenaient de ces introductions qui vous empêchent d'entrer parce que, après les avoir lues, on n'avait plus ni le temps ni l'envie de lire le texte. Si l'on veut juger du niveau des études bibliques catholiques à l'époque, il suffit de parcourir le *Dictionnaire de la Bible* de Vigouroux. J'ai eu un jour la naïveté d'y chercher un article sur la grâce. Il n'y en avait pas, mais j'y ai trouvé une excellente documentation sur la variété des graisses dont il est question dans la Bible. La Bible apparaissait comme un monument vénérable, mais un peu encombrant. Si elle est l'objet de tant d'attaques, mieux vaut la mettre à l'abri en en parlant le moins possible. Tel est le réflexe que semble avoir déclenché cet enseignement apologétique. On fait de temps en temps une citation de l'Écriture à titre d'argument, et même on commence un sermon par un verset biblique. Mais ces bouts de textes isolés n'ont pas grande portée. Ils semblent avoir été puisés dans quelque « Trésor du prédicateur » plutôt que dans la Bible elle-même, car ce sont toujours les mêmes qui reviennent et avec les mêmes erreurs. C'est ainsi qu'un jésuite pointilleux a écrit un livre sur les contresens bibliques des prédicateurs.

Quant à la morale et au droit canon, ils étaient enseignés surtout en vue de la pratique de la confession. Les manuels théoriques étaient doublés par des recueils de cas de conscience. Je crois que cet enseignement était efficace, mais c'était avant tout une morale du péché, c'est-à-dire une morale négative. Parmi les histoires idiotes on racontait ce dialogue : « Sur quoi a prêché le curé? — Sur le péché. — Qu'est-ce qu'il en a dit? — Il est contre. » C'est vrai, les sermons étaient le plus souvent « contre », et ce n'était pas inutile. Mais on aurait aimé qu'ils soient plus souvent « pour ».

Reste la liturgie. Ici, il faut bien préciser ce que signifie le terme de liturgie dans l'enseignement. Quand on étudie la messe ou les sacrements, on peut le faire sous trois aspects différents. On peut faire une synthèse des vérités que l'Église nous propose à leur sujet. On peut aussi décrire minutieusement les rites prescrits par l'Église. On peut enfin étudier les prières liturgiques que la tradition nous a léguées. Le premier aspect faisait l'objet de la théologie dogmatique. Le second relevait du cours de liturgie. Le troisième était complètement négligé. Liturgie signifiait donc « rubriques ». C'est une confusion qui a survécu longtemps dans certains esprits. Ainsi en 1921 ou 1922, j'ai entendu le Chanoine A. De Meyer, professeur à l'Université de Louvain, déclarer à son cours d'histoire qu'il fallait laisser au peuple ses dévotions populaires, qu'il ne s'intéresserait jamais aux rubriques du missel. Je ne sais plus ce qui avait provoqué cette sentence définitive contre le mouvement liturgique, probablement la seule présence de quelques bénédictins dans l'auditoire. Mais cela donne une idée exacte de ce qu'évoquait le mot liturgie dans l'esprit d'un professeur d'université. La liturgie était donc la partie cérémonielle du culte vidé de son contenu réel. Il fallait préparer les clercs à exécuter correctement les actes rituels, et c'était très bien. Il est seulement regrettable qu'on n'ait pas songé à expliquer les textes liturgiques et à montrer les richesses spirituelles qu'ils contiennent. A la manière dont ces textes étaient lus, on comprenait que la plupart des prêtres ne prêtaient au sens qu'une lointaine attention. Ce n'était évidemment pas un aliment pour leur piété; ce ne pouvait être une source pour leur prédication.

Ainsi s'explique, je crois, la pauvreté de la prédication au début du XXe siècle. L'indigence de l'enseignement dans les séminaires préparait mal les clercs au ministère de la parole. Ni les cours de théologie, ni ceux d'Écriture sainte, ni ceux de liturgie ne leur fournissaient matière à prédication. Ils n'avaient rien à dire, sinon des sermons moralisants dont ils étaient eux-mêmes saturés. Ils prêchaient par devoir, parce que c'était prescrit, comme ils observaient les rubriques. Je me souviens de la confidence d'un vieux Père jésuite pour qui j'ai toujours eu beaucoup d'estime : « C'est ennuyeux de prêcher : on répète toujours la même chose et cela ennuie tout le monde. » Les prêtres ne croyaient plus à la prédication.

On s'étonnera peut-être que, parlant du mouvement liturgique, je m'arrête si longuement au problème de la prédication. C'est que la prédication fait partie de la liturgie. Dans toute la tradition aussi loin qu'on remonte, il n'y a jamais eu de liturgie sans la proclamation de la parole de Dieu et son explication. Rêver d'une liturgie qui se suffise à elle-même est une utopie. Ce serait contraire à toute la tradition, aussi bien en Orient qu'en Occident : les grands évêques, comme saint Jean Chrysostome ou saint Augustin, ont cru de leur devoir d'animer l'assemblée liturgique par leur parole en expliquant l'Écriture. Et ce serait contraire à la psychologie la plus élémentaire : il n'y a pas de fête profane où quelqu'un ne prenne la parole pour en donner le sens et traduire les sentiments communs de l'assemblée.

Sans doute les prêtres du XIXe siècle ne sont pas responsables du voile que l'emploi du latin avait tendu entre l'autel et la nef. Mais ils n'ont rien fait pour percer le voile. Ils auraient pu par leur prédication faire connaître au peuple une partie des richesses contenues dans les lectures bibliques et dans les prières liturgiques. Mais ces richesses ils les ignoraient eux-mêmes, et c'est leur excuse. Quoi qu'il en soit des responsabilités, le mal était profond. Non seulement les rites étaient exécutés à la va-vite, mais le peuple chrétien n'avait plus pour soutenir sa foi que des nourritures de remplacement et il avait perdu le sens de certaines valeurs. L'Apostolat de la prière a lancé un jour ce slogan contestable : « La messe le dimanche par devoir, le vendredi par amour. » C'est bien cela. La messe était une obligation personnelle de chaque chrétien, imposée arbitrairement par une loi positive de l'Église. L'idée que la messe dominicale est l'assemblée plénière du peuple de Dieu, où tous les fidèles viennent écouter ensemble la parole de Dieu et se nourrir du pain de vie, était oubliée. Il a fallu attendre Pie X pour rappeler que l'eucharistie n'était pas la récompense des parfaits qui cherchaient le seul à seul avec Jésus, mais la nourriture normale du chrétien qui veut vivre sa foi. Les fidèles, laissés à eux-mêmes, s'isolaient de plus en plus dans un individualisme religieux et un moralisme étriqué dont l'idéal était de faire son salut chacun pour son compte en évitant le péché mortel.

C'est de la réaction contre cette situation qu'est né le mouvement liturgique. Le premier écho que j'en ai eu a été la publication de *La vie liturgique*. Il y avait une partie fixe contenant l'ordinaire de la messe, et des fascicules mensuels qui donnaient le propre des messes dominicales avec un petit supplément. C'est par là que j'ai appris qu'il devait y avoir prochainement des journées d'études à l'abbaye du Mont César. Je connaissais déjà l'abbaye de Maredsous et, comme je songeais à la vie bénédictine, je décidai de profiter de l'occasion pour aller voir cet autre monastère dont je n'avais jamais entendu parler. C'est ainsi qu'un beau jour du mois d'août 1910, je débarquai à Louvain, et je gravis pour la première fois la côte de la route de Malines pour sonner à la porte du monastère où je devais passer toute ma vie.

2
La naissance du mouvement

Les historiens du mouvement liturgique sont unanimes à placer sa date de naissance au Congrès de Malines de 1909, au jour où dom Lambert Beauduin présenta son rapport sur la participation des fidèles au culte chrétien. On pourrait se demander s'il n'y a pas quelque abus à dresser un acte d'état-civil pour un mouvement d'idées comme pour un bébé qui vient de naître. Les idées que proposait dom Beauduin n'avaient rien de révolutionnaire et lui-même se défendait d'être un novateur. Au contraire, il s'appuyait sur la tradition et il invoquait souvent des paroles de Pie X sur la participation des chrétiens aux saints mystères comme source indispensable de vie. S'il s'agit des idées de dom Beauduin, il est clair qu'il a eu des précurseurs. Mais s'il s'agit du mouvement proprement dit, c'est-à-dire de l'action, c'est autre chose. Qu'on me pardonne cette définition peu scolastique, mais le mouvement, c'est quand ça bouge. Si le rapport de dom Beauduin était resté un discours académique enseveli dans les Actes d'un congrès, il n'y aurait pas eu de mouvement. Celui-ci n'a réellement commencé que le jour où des initiatives concrètes ont traduit les idées en action et ont déclenché un effort continu pour changer les choses. Or là, il n'y a pas de doute possible. Quand on suit le cheminement du mouvement liturgique à travers les différents pays d'Europe et des Amériques, on constate que c'est bien le même mouvement qui se continue, non pas simplement parce que l'initiative de dom Beauduin est la première en date, mais parce qu'il y a toujours des traces d'une influence positive. C'est bien du Mont César qu'est parti le mouvement liturgique.

Quand j'arrivai au Mont César pour la première fois, je ne me doutais pas de l'importance de ce qui se passait, et personne à vrai dire ne s'en doutait. Je me trouvais dans un monastère tout neuf, encore inachevé, avec une petite communauté. L'Abbaye avait été fondée en 1899 par Maredsous. Il y avait sept profès venus de Maredsous, sept autres entrés depuis la fondation, un novice et cinq frères convers.

Le Père Abbé Robert de Kerchove d'Exaerde était le type du vieux gentilhomme flamand, courtois et un peu distant. Ses années de jeunesse s'étaient partagées entre la vie de château et des voyages à l'étranger. Rien ne paraissait le préparer à la vie monastique. Il nous a raconté un jour l'origine de sa vocation. Il avait jugé, à un moment donné, qu'il était temps de fonder un foyer. Il avait fait son choix et il était parti pour faire sa demande chez les parents de l'élue, qui habitaient au littoral. Au moment de sonner, il s'était ravisé et s'était dit : « Réfléchissons encore. » Il s'était alors promené au bord de la mer, et c'est le flux et le reflux des vagues qui lui avait suggéré d'austères réflexions sur la fragilité des choses de ce monde. Il avait alors décidé de se consacrer entièrement à Dieu, et il l'avait fait sérieusement comme il faisait toutes choses. C'est lui qui avait été chargé par l'abbé de Maredsous, dom Hildebrand de Hemptine, de préparer la fondation en acquérant les diverses propriétés qui couvraient la colline du Mont César, et de surveiller la construction des premiers bâtiments. Il débarqua en gare de Louvain le 13 mai 1899 avec le groupe des fondateurs, et ils se rendirent à l'Abbaye en procession, croix en tête. C'était un homme droit et consciencieux, courageux aussi.

Comme prieur, dom Eugène Vandeur avait succédé à dom Columba Marmion, devenu abbé de Maredsous. L'air très jeune, souriant et aimable, il était encore peu connu, mais il devint rapidement un directeur de conscience recherché. Il écrivit un certain nombre de livres de spiritualité, dont un était intitulé : *La vierge chrétienne dans sa famille*. L'ouvrage était accompagné d'un papillon où on lisait : « Ce livre a pour but de viriliser la jeune fille, d'en faire une femme... » Malheureusement, le brave Père se laissa embarquer dans la fondation d'une nouvelle congrégation de femmes, ce qui lui attira une série de déboires. Il est mort à Maredsous, il n'y a pas si longtemps, à l'âge de 90 ans. La dernière fois que je l'ai revu, je croyais toujours retrouver son air juvénile et son sourire accueillant de jadis. Etait-ce une illusion?

Le sous-prieur était dom Bruno Destrée, le frère du député socialiste de Charleroi. Sa calvitie totale rendait plus net un profil qui ressemblait étrangement à celui des Saxe-Cobourg. Il s'était lancé très jeune dans la littérature. C'est lui l'Olivier-Georges Destrée qui fit partie du groupe de *La Jeune Belgique*. C'est l'art et la poésie qui le ramenèrent à la foi. Il avait gardé un souvenir ébloui de ses voyages en Italie, dont il admirait non seulement la lumière et les paysages, mais aussi les saints et les mystiques. Il continuait à écrire des poèmes. C'est en les recopiant que j'ai appris la dactylographie pendant mon noviciat. Il avait aussi été marqué par les cours de théologie de dom Columba Marmion. Il faisait cependant une distinction. Les cours de dom Marmion étaient beaucoup meilleurs quand il n'avait pas eu le temps de les préparer. Au contraire, quand il les préparait, il entrait dans de subtiles distinctions qui déroutaient le poète qu'était dom Bruno.

Dom Hilaire Delaet était un saint homme, mais d'une piété un peu trop voyante. Lors de l'entrée processionnelle des moines à Louvain, un journaliste avait signalé qu'un d'entre eux agitait dangereusement un rosaire. C'était sûrement le Père Hilaire. Sa tendance au scrupule le rendait inapte à certains emplois. Le brave Père ne pouvait guère que prier pour ses confrères, et il le faisait avec ferveur et de bon cœur.

Dom Léon Cools était prêtre du diocèse de Malines avant d'entrer à Maredsous. Il était instructeur des frères convers et il faisait un peu de ministère dans les environs. Il avait la passion de la politique. Quand il s'assoupissait en récréation, il suffisait de prononcer tout haut le mot « libéral » pour qu'il se réveille et que son œil lance des éclairs menaçants.

Dom Ildephonse Dirkx était chantre et économe. Comme chantre il avait réussi à former le chœur. Le chant était très bon malgré le petit nombre de voix. Comme économe il s'en tirait dans le domaine général, mais sa charge comportait aussi l'exploitation de la ferme, domaine dans lequel il était incompétent. Ainsi il avait acheté un bovidé dont on n'a jamais pu tirer la moindre goutte de lait, et pour cause. Il avait quelques connaissances en archéologie et il avait rassemblé une documentation photographique assez abondante. Il passera plus tard au rite byzantin et suivra dom Beauduin à Amay. Il portera alors une magnifique barbe rousse.

Dom Willibrord van Nierop était le premier profès du Mont César. C'était un solide Hollandais à la voix sonore. Il faisait la joie de la communauté par sa naïveté et son langage pittoresque. J'avoue avoir abusé parfois de sa candeur, mais nous étions tout de même bons amis.

Dom Albert de Meester de Betzenbroek était une vocation tardive. Il avait fait son droit, puis avait travaillé un certain temps au Musée Ravenstein à Bruxelles. Il avait un peu l'allure d'un aristocrate désabusé. Il garda jusqu'au bout un humour très particulier. Il avait plus de 90 ans et sa santé demandait des soins assidus. Comme on ne trouvait pas d'infirmier, le Père Prieur décida de prendre une infirmière. Il voulut préparer le Père Albert à accepter cette infraction aux règles canoniques et lui dit : « Père Albert, j'ai pris la responsabilité d'introduire une femme dans votre cellule. » Alors le Père Albert sourit malicieusement et dit : « Enfin ! » Sous ses airs parfois désinvoltes, c'était un homme de cœur toujours prêt à rendre service et à accepter toutes les charges. Il fut longtemps sous-prieur, puis prieur. Mais ce qu'il aimait par dessus tout, c'était de cultiver les fleurs du jardin. Depuis qu'il a disparu, on ne voit plus guère de fleurs au jardin.

Dom Michel Darras était au contraire une vocation précoce. Maredsous recevait jadis de tout jeunes gens qui aspiraient à la vie monastique et leur faisait faire leurs classes d'humanités avec les autres élèves du collège. Dom Michel avait été de ces jeunes oblats. Il a gardé toujours un certain don d'enfance et il réussissait admirablement à apprendre le solfège et le chant grégorien à des enfants de 6 à 10 ans. Quand il les jugeait suffisamment préparés, il les présentait au directeur de la schola et ne s'en occupait plus. Quant aux enfants, une fois admis parmi les choristes, ils ne regardaient plus le Père Michel. Lui, il souriait et, avec le plus parfait désintéressement, il recommençait avec une nouvelle génération. A plus de 80 ans, on le voyait encore entrer à l'église, suivi d'une bande de mômes minuscules dont il calmait la turbulence avec une patience inépuisable.

Dom Benoît Bourgois était le bon Samaritain de la communauté. Il fut infirmier pendant de longues années et il soignait les malades avec un admirable dévouement. Quand il fut remplacé par un plus jeune comme infirmier de la communauté, il trouva des malades qu'il allait soigner à domicile. On le voyait circuler en ville, tout courbé, avec son sac à provisions où il entassait tout ce qu'il trouvait pour nourrir ses protégés. Parmi tous ceux dont je parle ici, il a été le dernier à s'en aller.

Dom Idesbald Van Houtrive s'est fait connaître comme auteur spirituel par une série d'ouvrages dont le thème est la paix. Ses livres furent bien accueillis et même ils eurent plus de succès qu'il n'en souhaitait. Il reçut un jour les écrits spirituels d'une religieuse française dont on entamait le procès de béatification. Cette religieuse avait eu des révélations du Saint-Esprit et elle le disait sans ambages : « Aujourd'hui le Saint-Esprit m'a dit... » Or, à la stupéfaction de dom Idesbald, ce qui suivait était tiré de ses propres œuvres. Ce n'est pas la seule fois qu'il fût plagié. Il y eut aussi un livre espagnol dont une bonne moitié était la traduction d'un livre de dom Idesbald. Mais l'auteur était un bénédictin, on était en famille. On ne fait pas un procès à un confrère, pas plus qu'au Saint-Esprit.

Dom Joseph Kreps est la figure la plus pittoresque de cette galerie de tableaux. Elle appartient au folklore louvaniste. Il tenait déjà les orgues en 1910 et il les a tenues jusqu'à sa mort. Il était devenu un très grand organiste. Mais c'est un personnage trop riche, sur lequel je devrai revenir plus tard et je n'en dirai pas plus pour le moment.

Dom Lambert Beauduin était le dernier profès de l'Abbaye. Quand je fis sa connaissance en 1910, c'était un homme encore jeune. Je fus conquis par sa bonhomie, sa gentillesse, sa cordialité. Une quarantaine d'années plus tard, je me suis fait conduire en voiture à Chevetogne par mon neveu, jeune ingénieur chimiste. Nous avons vu le Père Lambert ensemble, puis je le quittai pour rencontrer un autre Père. Quand je revins, ils étaient les meilleurs amis du monde. Mon neveu me dit après qu'il n'avait jamais rencontré quelqu'un d'aussi sympathique. C'était comme cela. On ne pouvait causer une demi-heure avec dom Beauduin sans avoir l'impression d'être son meilleur ami. J'ai cherché l'épithète qui pourrait le mieux le caractériser. Je ne l'ai pas trouvée dans le dictionnaire, mais dans un titre de Chesterton : *Supervivant*. Il débordait de vie et la faisait jaillir autour de lui.

Prêtre du diocèse de Liège, il avait passé quelques années dans la jeune congrégation des Aumôniers du travail. Pourquoi en était-il sorti? Je ne puis que répéter ce qu'il m'a dit un jour : « En entrant dans une congrégation religieuse, je croyais trouver un peu plus de recueillement que dans le clergé diocésain, mais c'est tout le contraire. » Il avait fait l'expérience d'une forme d'apostolat qui ne lui convenait pas parce qu'il risquait de s'y disperser. Il fit l'expérience de la vie monastique et il y trouva son équilibre. Mais il y trouva aussi une autre forme d'apostolat, celui que peut exercer une communauté monastique comme foyer de vie spirituelle. Quand il entreprit de travailler à l'union des Églises, son premier soin fut de fonder une communauté monastique qui serait un centre d'œcuménisme. Il est resté toute sa vie fidèle à son idéal monastique. S'il a vécu plusieurs années hors du monastère, ce n'est pas de sa faute. On sait qu'il fut éloigné d'Amay-Chevetogne et en même temps exilé de Belgique. Je n'ai à faire ici ni son procès ni son apologie. Je pense, pour ma part, qu'il avait commis une maladresse qui ne justifiait pas un exil perpétuel. Mais l'ombre de ce décret d'exil paralysait encore ceux dont dépendait son retour, et il ne put rentrer au Mont César. Mais quand le prieur de Chevetogne, dom Thomas Becket, eut le courage de passer outre, c'est avec joie que dom Lambert revint prendre sa place dans la communauté qu'il avait fondée. Il n'y avait chez lui aucune amertume, aucune récrimination pour le passé. Aucune gloriole non plus de ce que son œuvre ait réussi. Il n'avait jamais travaillé pour lui-même, mais uniquement pour l'Église. Il n'attendait aucune récompense. Il vivait heureux avec ses frères. Fallait-il sa mort pour qu'on reconnaisse publiquement ses mérites? Etait-il pensable que le dernier document que les futurs historiens trouveraient sur lui dans les archives du Vatican fût une sentence de proscription? Ce ne fut qu'en 1959 que ce vieil homme presque mourant reçut un témoignage public de reconnaissance du Pape Jean XXIII. Encore fut-ce de justesse, à cause d'un stupide incident diplomatique sur lequel je reviendrai plus tard.

On se demandera peut-être s'il était bien nécessaire de feuilleter tout cet album de famille pour comprendre les origines du mouvement liturgique. Je le crois très sincèrement, parce qu'on s'en fait souvent une idée inexacte.

Certains se figurent que dom Beauduin, quand il lança le mouvement liturgique, avait derrière lui une solide équipe de « savants bénédictins » pour le soutenir et le documenter. Or il n'en est rien. Certes ses confrères lui ont rendu de précieux services. Mais aucun n'avait de compétence particulière. Parmi les anciens, seul dom Vandeur avait une formation théologique sérieuse. Quant aux jeunes, ils sortaient à peine de leurs études théologiques et ils n'avaient reçu aucune formation spéciale.

Alors on est tenté de tirer une autre conclusion : le mouvement liturgique, c'est dom Beauduin et lui seul. C'est également faux. Dom Beauduin lui-même n'avait aucune formation particulière. Comme enseignement, il n'avait reçu que celui qu'on dispensait alors dans les séminaires et, comme je l'ai dit plus haut, c'était assez pauvre. Le cours de liturgie n'était qu'un cours de rubriques. Ce n'est pas non plus durant son ministère de vicaire ni pendant son séjour chez les Aumôniers du travail qu'il avait eu le loisir de se former. En fait dom Lambert ne découvrit la liturgie, si l'on peut dire, que pendant son noviciat, dans la célébration de l'office et de la messe conventuelle de cette petite communauté naissante. Les livres et l'étude sont venus après. Mais à l'origine, il y a une expérience vécue en commun avec des confrères qui n'étaient pas des spécialistes, mais qui croyaient à ce qu'ils faisaient et qui le faisaient bien.

Quant aux services que la communauté rendit à dom Lambert, ils étaient modestes, mais indispensables : recopier des textes, corriger des épreuves, faire des paquets ou coller des timbres, cela ne demande pas du génie, mais de la bonne volonté et du dévouement. Tous les projets de dom Lambert n'auraient été que fumée si des gens sans prétention n'avaient accepté de bon cœur ces besognes serviles. D'ailleurs deux des collaborateurs les plus efficaces de dom Lambert furent deux frères convers : le Frère Landoald De Waeghe, un solide paysan des environs de Gand, homme plein de bon sens, qui fut longtemps portier du monastère, et le Frère Antoine Piérard, un Français du Nord, qui ne persévéra pas dans la vie monastique. Sans diminuer en rien les mérites de dom Beauduin, on doit dire que le mouvement liturgique, à son origine, fut l'œuvre de toute l'Abbaye.

En regardant les choses de loin, je me suis dit souvent que l'entreprise de dom Beauduin était une imprudence. Comment a-t-il osé, avec si peu de moyens et avec une préparation personnelle aussi sommaire, lancer un tel mouvement, et comment a-t-il réussi? Il y a dans l'histoire de l'Église d'autres exemples de sainte imprudence, comme des chèques sans provision qui ont été couverts par la Providence. Les gens qui veulent avoir la certitude de réussir avant d'entreprendre ne font généralement pas grand-chose. Dom Beauduin a osé parce qu'il croyait en ce qu'il faisait et qu'il pensait qu'il valait mieux agir que se lamenter sur une situation qui n'était pas brillante.

S'il a réussi, c'est parce que son initiative répondait à un besoin réel qui était ressenti à divers degrés. Un des meilleurs propagandistes de *La vie liturgique* fut un jeune jésuite, le Père Joseph Wyns, qui recueillit 200 abonnés au Collège de Charleroi. Comme surveillant, il était obligé de se jucher chaque matin sur une petite estrade devant les élèves et de contempler leur mortel ennui pendant la messe. Et nombre de curés se demandaient si, à force d'ennuyer les gens, on ne finirait pas par les chasser. Je ne dis pas qu'ils avaient bien compris tout le sens du mouvement liturgique. Empêcher les gens de s'ennuyer et de s'enfuir n'était pas le but suprême du mouvement, mais c'était déjà quelque chose. Cela permettait d'ouvrir un dialogue avec le clergé et de l'aider à compléter sa formation. D'autre part les fidèles étaient heureux de ne plus être traités en analphabètes incapables de comprendre ce que disait ou ce que faisait leur curé. Dom Beauduin, qui avait fait l'expérience du ministère paroissial, sentait que le moment était favorable à son initiative.

Une autre circonstance servait aussi son dessein. Après l'effort qu'avait fait dom Guéranger, les liturgistes s'étaient assoupis, tout comme les théologiens, et s'étaient fourvoyés dans le maquis des rubriques. Or voilà que surgissait une nouvelle génération de chercheurs : Louis Duchesne, Fernand Cabrol, Pierre Batiffol, Pierre de Puniet en France, E. Bishop et H.A. Wilson en Angleterre. Dom Beauduin allait pouvoir s'appuyer sur leurs travaux. Il n'était pas lui-même un chercheur. Il n'avait fait aucune étude universitaire et, du reste, il n'avait pas le temps de faire de la recherche scientifique. Mais il a su tirer du réveil des études liturgiques tout ce qui était utile pour faire comprendre le sens et la valeur du culte de l'Église. Il ne s'adressait pas au monde savant, mais aux pasteurs. Le mouvement avait commencé par une modeste réalisation pratique : *La vie liturgique*. Il devait continuer par d'autres réalisations, spécialement par une revue : *Questions liturgiques et paroissiales*, et par des Semaines d'étude.

3
La belle époque

Une époque n'est jamais belle pour tout le monde ni à
tous les points de vue. Pour les gens de ma génération, les
années d'avant-guerre n'ont jamais cessé d'exercer une certaine fascination et on en parlait comme Adam et Ève ont
dû parler du Paradis terrestre après en avoir été bannis.
Pourtant tout n'était pas rose, spécialement pour l'Eglise
catholique. C'était le temps où sévissaient à la fois le
modernisme et, par réaction, un intégrisme qui faisait la
« chasse aux sorcières ». Le chanoine Ladeuze, recteur
magnifique de l'Université de Louvain, n'avait pas été
nommé protonotaire apostolique, selon la tradition, à cause
d'un article sur le *Magnificat*, où il mettait en doute la
composition de ce cantique par la Sainte Vierge, la critique
textuelle semblant inviter à l'attribuer à Elisabeth. Quand
la nomination arriva enfin, le chanoine Cauchie envoya un
télégramme au recteur : « Magnificat ». La liturgie était
évidemment un terrain moins dangereux que la critique
biblique, et si le mouvement liturgique rencontra des contra-
dicteurs, ce fut dans les limites d'une polémique courtoise.
Il n'y eut pas, que je sache, de dénonciations calomnieuses
ni de manœuvre malhonnête. Le mouvement se développa

en toute liberté et la polémique ne fit que lui donner plus d'intérêt. Je crois, pour ma part, que ce fut pour lui la belle époque. On me dira peut-être que c'est une illusion que je me fais parce que ce fut le temps de ma jeunesse. Je crois plutôt que c'était la jeunesse du mouvement lui-même, avec son enthousiasme et sa hardiesse. En quelques années, le mouvement aura poussé de si puissantes racines que, l'ouragan passé, l'arbre refleurira.

Quoi qu'il en soit, c'est de cette époque que je vais parler maintenant. Comme je l'ai dit plus haut, c'est en 1910 que je me suis rendu au Mont César. J'y fis encore quelques visites rapides, mais ce n'est qu'au début de mai 1912 que j'y entrai définitivement. Je crois pouvoir employer ce mot après soixante ans de fidélité.

Il y avait de nouvelles figures. Au noviciat, il y avait un Portugais et trois Belges. De ces derniers, un seul persévéra dans la vie monastique. C'est dom Hadelin Roland, qui vient de mourir à l'Abbaye de Saint-André, après un demi-siècle d'apostolat dans la brousse du Katanga.

Mais que faisait un Portugais au Mont César? La vie bénédictine était à peu près éteinte au Portugal au début de ce siècle, mais les survivants avaient demandé l'aide de la Congrégation de Beuron, dont nous faisions partie, et ils avaient recruté quelques jeunes gens qui aspiraient à la vie monastique. Malheureusement la révolution éclata au Portugal et les religieux furent chassés. Les jeunes novices furent accueillis dans plusieurs monastères de la Congrégation. Celui qui fut adopté par le Mont César était un petit homme basané, trapu et énergique. Il reçut toute sa formation à l'Abbaye et il était tout à fait assimilé à la communauté. On aurait voulu le garder à Louvain; mais il repartit, après la guerre, restaurer la vie monastique dans son pays et il y créa un mouvement liturgique qui est toujours bien vivant. Quand il quitta Louvain, j'allai le conduire au train. Je ne l'ai plus jamais revu. Il s'appelait Antonio Coelho.

Durant l'année académique, la communauté était renfor-
cée par quelques clercs de Maredsous qui venaient faire leurs
études théologiques, et par quelques Pères qui formaient,
avec dom Vandeur et dom Beauduin, le corps professoral.
Parmi les élèves, il y en avait un qui est bien connu des
liturgistes : dom Mercenier. Il avait fait sa candidature en
philologie classique à l'Université et il terminait alors sa
théologie. Il était déjà passionné de la liturgie byzantine et,
quand il devait dire son office en particulier, il disait les
Psaumes en grec. Il fut ensuite, pendant quelques années,
professeur au Collège abbatial de Maredsous, où il faisait
la joie des élèves par une certaine naïveté et un bel accent
wallon de l'entre-Sambre-et-Meuse. Il rejoindra plus tard
dom Beauduin à Amay, où il renia le patron qu'on lui avait
donné à son entrée au noviciat, saint Feuillen, et se mit
sous la protection d'un saint incontestablement oriental,
saint Euthyme. Il est bien connu par les traductions qu'il a
faites des offices byzantins. On lui a reproché parfois un
excès de littéralisme. On lui a attribué cette invocation au
Christ : « Pitoyable philanthrope, fils incompréhensible d'un
Père sans principe. » Mais je n'ai jamais trouvé la référence
et je crains que ce soit un canular. Il y avait aussi plusieurs
Pères allemands, qui faisaient des études à l'Université. Un
d'entre eux est devenu un grand liturgiste : dom Cunibert
Mohlberg. Il terminait son doctorat en sciences morales et
historiques sous la direction du chanoine Cauchie. Il est
toujours resté reconnaissant à ses maîtres de Louvain,
auxquels il se plaisait à rendre hommage. Il a fait du bon
travail. Malheureusement il prit à un moment donné des
allures de dictateur et fit faire le travail par des collaborateurs qu'il traitait comme des esclaves.

Mais revenons au Mont César. Comme je l'ai dit plus
haut, la première réalisation était *La vie liturgique*, qui
publiait chaque mois les messes dominicales pour les diocèses
de Belgique. Cette publication dura cinq ans, de 1909 à 1913.

Elle fit place alors à un *Missel dominical*, édité par la maison Vromant de Bruxelles. C'était un petit livre commode, d'une typographie claire et agréable. Entretemps, une autre publication avait commencé, celle de la revue *Questions liturgiques et paroissiales*. Elle était bimensuelle et le premier fascicule parut au début de 1911. Mais on décida bientôt de faire coïncider le début des volumes avec le début de l'année liturgique, de sorte que les volumes suivants étaient à cheval sur deux années : 1911-1912, 1912-1913, 1913-1914. Le dernier fascicule publié avant la guerre est daté de juillet 1914. Quand on parcourt ces quatre volumes, on est frappé du nombre et de la variété des matières traitées. Un curé d'aujourd'hui dirait probablement que ce n'est pas assez pratique. Il faut bien comprendre ce que voulait faire dom Beauduin.

On remarquera tout d'abord l'adjectif « paroissiales ». Il paraît aujourd'hui un peu désuet et on lui substituerait « pastorales ». Dom Beauduin y tenait beaucoup. Je lui proposai bien plus tard de le supprimer et il protesta. Il ne voulait pas que la revue devienne une publication scientifique réservée aux spécialistes. C'est bien au clergé paroissial qu'il voulait s'adresser, à celui qui est en contact avec le peuple. Il s'agissait de rétablir le contact entre l'autel et la nef, pour faire de la liturgie l'acte d'une communauté vivante. Or l'initiative ne pouvait pas venir des fidèles. C'était au prêtre à aller au peuple, et si on voulait que quelque chose change, c'est aux curés qu'il fallait s'adresser pour les convaincre.

D'autre part, il n'entendait pas leur donner des recettes pratiques. Ce n'est pas de cela que les curés avaient besoin. Ce qu'il fallait, c'était changer l'esprit et faire comprendre aux prêtres que la liturgie n'est pas un simple mécanisme rituel, mais une source de vie pour eux-mêmes et pour leur peuple. Une fois convaincus, les curés eux-mêmes trouveraient bien le moyen de faire passer leur conviction dans la pratique. Il fallait leur donner une information qu'ils n'avaient pas eue au séminaire. On parlerait aujourd'hui de recyclage.

Il faut noter aussi que le mouvement liturgique n'a pas été à l'origine un mouvement réformiste. Dom Beauduin savait très bien qu'il y avait, sur le monument vénérable qu'est la liturgie, quelques toiles d'araignée qu'il faudrait épousseter un jour ou l'autre. Mais ce n'était pas pour lui l'essentiel et, de toute manière, ce n'était pas son affaire. Il y avait eu, sous Pie X, un début de réforme à Rome. On peut porter à son actif la restauration du chant grégorien, la remise en valeur du propre du temps et la réforme du Bréviaire romain. Il s'était arrêté à la mort de Pie X, mais on pouvait, à l'époque, espérer qu'il continuerait. Le point de vue de dom Beauduin était tout autre. Il prenait la liturgie comme un donné traditionnel qu'il fallait tout d'abord essayer de comprendre. C'était sagesse et prudence. Pour comprendre la liturgie, il fallait recourir à l'histoire, à l'archéologie, à la philologie. On pourrait ainsi retrouver le sens vrai des rites et des textes. Cela permettrait de distinguer l'essentiel de l'accessoire et de se pénétrer de l'esprit de la liturgie. Une fois retrouvée la vérité des choses, ce qui était caduc tomberait de lui-même. Quand on aurait compris ce qu'était la veillée pascale, il ne serait plus guère possible de la maintenir le samedi matin à 6 heures. Mais proposer une réforme en 1910 aurait paru une dangereuse utopie, et dom Beauduin n'était pas un utopiste. En attendant, pour faire comprendre au clergé le sens et la valeur de la liturgie, il fallait lui fournir une information historique.

Il y avait cependant un domaine où on n'était pas paralysé par un rubricisme trop tatillon, c'était celui de l'art. Du point de vue musical, la restauration du chant grégorien, ordonnée par Pie X et confiée à l'abbaye de Solesmes, servait le but du mouvement liturgique. Quel meilleur moyen de faire participer le peuple à la liturgie que le chant? La revue devait naturellement traiter du chant grégorien. Il en était de même pour les ornements liturgiques et pour la décoration des églises. Il fallait lutter contre la laideur qui avait envahi le sanctuaire. On a dit assez de mal de l'art sulpicien pour qu'il soit utile d'y revenir. La revue devait aussi tenir le clergé au courant du renouveau de l'art chrétien. Tout cela tenait assez de place dans la revue et pouvait faire illusion. Certains ont pu ne voir dans le mouvement liturgique qu'un esthétisme destiné à rendre la maison de Dieu plus attrayante et à y attirer les foules. Telle n'était pas la pensée de dom Beauduin et sa contribution personnelle à la revue le montrait bien. La remise en valeur de la liturgie n'était pas une question de tactique pastorale, mais de vérité théologique. Il avait commencé la rédaction d'un manuel de liturgie fondamentale dont il publia plusieurs chapitres dans la revue. Sa réflexion fut stimulée par la controverse avec le Père Navatel, jésuite rédacteur aux *Études* de Paris. Pour ce bon Père, la liturgie n'était qu'un code de politesse, un protocole pour les réceptions officielles du Seigneur; mais cela se situe à la frange de la vraie piété. Evidemment il y avait là la vieille confusion entre liturgie et rubriques; mais au-delà de ce quiproquo, il y avait une divergence entre deux tendances qui s'appuyaient finalement sur une théologie différente de l'Église. Ce fut un confrère de Maredsous qui mit le doigt sur la plaie en publiant, sous le titre : *La liturgie. Essai de synthèse*, deux volumes d'une étonnante érudition, qui étaient plus explosifs que tous les écrits de dom Beauduin.

Dom Maurice Festugière était un Français, ancien officier de marine. C'était un petit homme maigre et très nerveux. Je crois qu'il avait bien fait de renoncer à la carrière navale car, tel que je l'ai connu, il manquait de sens pratique et je doute qu'il soit jamais arrivé au grade d'amiral. On racontait que, la première fois qu'il avait rempli l'office de thuriféraire, il était arrivé à l'autel tenant d'une main l'encensoir vide et de l'autre la cassolette de braises pendant au bout d'un crochet en fil de fer. Il parlait et écrivait un fran-

çais d'une pureté un peu archaïque, mais d'une extrême
précision. C'est un des hommes les plus cultivés que j'aie
rencontrés. Qu'il s'agisse de littérature, d'histoire et surtout
de philosophie, il semblait avoir tout lu. Et il était d'une
serviabilité sans limite. Quand un étudiant en philosophie
lui demandait un renseignement, il se mettait en quatre pour
le satisfaire, c'est-à-dire qu'il lui apportait une documentation tellement exhaustive que le malheureux se voyait
définitivement noyé. C'est aussi le défaut de son *Essai de
synthèse* : il n'a pas su se borner. Cela décourage les lecteurs
et il n'en a plus guère aujourd'hui; et c'est dommage, car
ces deux volumes contiennent des trésors d'érudition et des
vues pénétrantes. Il n'est pas question ici de résumer cet
ouvrage, mais il faut rappeler une de ses conclusions : c'est
que les jésuites ont favorisé le développement d'un individualisme religieux catholique pour faire concurrence au
protestantisme. Je ne me prononcerai pas sur la responsabilité particulière des jésuites, mais je crois que dom
Festugière avait vu juste et que le mal de l'époque était bien
un individualisme religieux qui se manifestait en d'autres
domaines que la liturgie. L'ouvrage fit naturellement un
certain bruit, mais la polémique se situait à un niveau qui
dépassait celui du clergé moyen.

En dehors de cet épisode, le mouvement liturgique ne se
montrait pas agressif. Mais si l'on voulait rendre à la liturgie
toute sa valeur, on ne pouvait manquer de bousculer un peu,
pour les remettre à leur vraie place, certaines dévotions trop
envahissantes. Le carême était éclipsé par le mois de saint
Joseph et le temps pascal par le mois de Marie. Juin était
consacré au Sacré-Cœur, octobre au rosaire. Léon XIII
avait prescrit la récitation du chapelet pendant les messes
basses de ce mois. La piété eucharistique avait évolué vers
l'adoration et l'exposition du Saint-Sacrement. Le sommet
était la messe avec exposition du Saint-Sacrement. Cet usage
a complètement disparu aujourd'hui et personne ne s'en

plaint. Mais le critiquer à l'époque scandalisait des âmes pieuses, surtout dans les instituts qui avaient été fondés pour l'adoration du Saint-Sacrement. Des prêtres bâclaient leur messe mais ils se seraient crus coupables de ne pas faire une action de grâces d'un quart d'heure. Un autre critère de piété était aussi la récitation du chapelet. Le prêtre qui n'en disait pas au moins un par jour était suspect de n'avoir aucune dévotion envers la Sainte Vierge. Qu'il récite l'*Ave Maria* avant chaque heure de l'office et l'antienne mariale après, cela ne comptait pas. Mieux valait bafouiller son bréviaire pour avoir plus de temps pour prier après. Pendant les retraites sacerdotales, personne n'aurait pu imaginer qu'on puisse inviter les prêtres à dire ensemble les heures de l'office. On préférait multiplier les chapelets et les chemins de croix. Il ne s'agissait pas de critiquer ces dévotions, en soi respectables, mais de rétablir une échelle des valeurs qui avait été faussée. Cependant en essayant de rendre à la prière officielle de l'Église sa primauté et sa valeur spirituelle, on dévaluait forcément certaines dévotions, et cela ne plaisait pas à tout le monde. De là une certaine opposition au mouvement liturgique, mais elle fut plus passive qu'active et la controverse ne tint guère de place dans la suite.

L'Abbaye édita quelques brochures. La principale fut *La piété de l'Église*, dans laquelle dom Beauduin donnait un exposé de ce qu'il pensait sur la nature de la liturgie. Une autre avait pour titre *La liturgie des défunts*, une troisième *Le rituel pour tous*. Cette dernière posera peut-être plus tard un problème aux historiens de la liturgie. Dans la messe de mariage, on peut lire par trois fois la formule : *Agnus Dei qui tollis peccata mundi, dona eis requiem*, complétée la troisième fois par *sempiternam*. Comme le format était le même, on avait repris le texte de *La liturgie des défunts* et on l'avait mal corrigé.

Cependant le plus important fut l'organisation des Semaines liturgiques. Elles sont connues par la collection des *Cours et conférences*. Mais cette collection n'en donne qu'une idée incomplète. Tout d'abord dom Beauduin avait voulu que le mouvement liturgique atteigne les deux parties de la Belgique. Les *Questions liturgiques et paroissiales* étaient doublées par une revue flamande, *Liturgisch tijdschrift*, pour laquelle il avait demandé la collaboration de nos confrères de la vieille abbaye brabançonne d'Affligem. Des Semaines en langue néerlandaise furent aussi organisées au Mont César. Quant aux Semaines de langue française, elles ne commencèrent pas en 1912 par la Semaine tenue à Maredsous, dont les rapports ont été édités dans le premier volume des *Cours et conférences*; il y eut une première Semaine en 1910, à laquelle j'ai participé, comme je l'ai dit plus haut et il y en eut une en 1911.

Les participants de ces Semaines n'étaient pas très nombreux. Elles étaient réservées aux prêtres et, pratiquement, la quarantaine de chambres libres à l'Abbaye suffisaient à les loger. Aux Semaines françaises, il y avait un certain nombre de prêtres qui venaient de France. Parmi eux Monseigneur Harscouët, d'abord supérieur du Séminaire de Saint-Brieuc, puis évêque de Chartres. Aux Semaines néerlandaises, il y avait autant, sinon plus, de Hollandais que de Flamands. Il y avait quelques figures caractéristiques. La plus pittoresque était celle du Pastoor Beukering, un Hollandais puissant, avec une figure joviale au-dessus de son triple menton. Dom Franco de Wyels, moine d'Affligem, qui suivra à un moment donné dom Beauduin dans son entreprise œcuménique, puis reviendra à Affligem dont il deviendra abbé. Monseigneur Callewaert, professeur au Séminaire de Bruges, était le seul liturgiste en Belgique qui eût une véritable compétence. Il avait une solide formation scientifique et il travaillait sérieusement. Mais c'était un homme modeste et une bonne partie de ses travaux étaient ensevelis dans la revue diocésaine de Bruges, les *Collationes Brugenses*. Dom Eligius Dekkers, qui fut son disciple, a rendu service en rassemblant ces écrits en un volume intitulé *Sacris erudiri*.

On ne me demandera pas ce qu'on disait aux conférences de ces Semaines. Ma collaboration au mouvement liturgique était toute matérielle et consistait surtout à transporter des chaises et à laver des assiettes à longueur de journée. C'était assez fatigant, surtout quand, aux deux sessions pour les prêtres, s'ajoutèrent deux sessions pour les sacristains et les clercs-organistes. Mais on faisait tout cela avec bonne humeur, car l'atmosphère était excellente. Les semainiers paraissaient satisfaits et souvent enthousiastes.

Quand je regarde ces faits avec le recul du temps, à près de soixante ans de distance, je suis de plus en plus persuadé que ces premières années furent décisives. Il n'y avait aucun résultat spectaculaire ni aucun projet grandiose. Personne ne pouvait soupçonner que le mouvement liturgique aurait une telle expansion, non seulement dans le catholicisme, mais aussi dans le protestantisme, ni qu'il aurait une influence aussi profonde sur la vie de l'Église. Car il contribuera à faire progresser la théologie de l'Église et il débouchera sur l'œcuménisme. Tout cela était alors imprévisible, mais le mouvement avait pris un bon départ et rien ne devait arrêter son élan. Il avait fixé son but et ses méthodes. Le but, c'était de faire participer le peuple à l'action liturgique et de faire de nos assemblées des communautés de prière. La méthode, c'était un retour aux sources, l'étude de la tradition. Cela ne veut pas dire que c'était un mouvement de machine-arrière. Il était tourné vers l'avenir, mais pour ne pas dévier il devait chercher ses normes dans l'Écriture et la tradition. Je suis agacé parfois d'entendre parler d'une liturgie « pour l'homme du XXᵉ siècle ». On ne fabrique pas une liturgie par siècle. Si l'on en avait fait une pour l'homme du XIXᵉ siècle suivant la piété de l'époque, il faudrait la mettre au panier aujourd'hui. L'anaphore de la *Tradition apostolique* de saint Hippolyte a été composée à

Rome au début du IIIe siècle. Elle a servi pendant plus d'un millénaire dans la lointaine Éthiopie. On l'a introduite aujourd'hui dans le Missel romain. Eh bien, cela me paraît plus digne de l'homme du XXe siècle que les âneries qu'on peut entendre aujourd'hui dans certaines églises. L'essentiel d'une liturgie, ce n'est pas d'être d'un siècle ou d'une nation, c'est d'être chrétienne, c'est-à-dire d'être l'expression de la foi de l'Église qui est de tous les temps.

Le mouvement liturgique était donc bien lancé. Il ne devait pas s'arrêter. Mais ici, il y a, pour moi du moins, un hiatus. Une nouvelle Semaine liturgique était annoncée pour le début du mois d'août 1914 au Mont César, et tout était prêt pour recevoir les participants. Je devais y prendre part mais, quand éclata le drame de Sarajevo, j'étais à Maredsous, occupé à passer mes derniers examens de philosophie. Je n'eus pas le temps de les terminer. Le gouvernement belge décréta la mobilisation générale et, milicien en congé illimité, j'étais automatiquement rappelé sous les armes. La gendarmerie avait d'ailleurs eu la délicate attention de me rappeler mes obligations militaires. Je descendis donc un beau matin jusqu'à la gare de Denée — transformée aujourd'hui en dépôt de la Fromagerie de l'Abbaye —, muni d'un casse-croute et d'une bouteille de vin que le bon Frère Ignace m'avait remise avec une larme au coin de l'œil. J'y rencontrai dom Donatien De Bruyne, qui allait dire la messe dans un village des environs. Je montai avec lui dans le tortillard qui allait de Tamines à Dinant. Dom Donatien était un savant authentique, qui avait beaucoup voyagé en Allemagne. Il m'expliqua, en bégayant comme il le faisait toujours, que la guerre n'aurait pas lieu, que c'était impossible, que tous les savants allemands se lèveraient comme un seul homme pour protester. Je n'attachais pas grande importance aux illusions de ce savant confrère; mais je ne me doutais tout de même pas que je partais pour cinq ans. Je ne devais être démobilisé que le 15 août 1919.

4
Nouveau départ

La guerre de 1914 marqua un coup d'arrêt pour les ouvriers du mouvement liturgique. Durant mon séjour au front, je n'eus aucun contact direct avec le Mont César. Mais un jour je reçus une carte de dom Beauduin, datée de Bournemouth. C'est par lui que j'appris le détail de ce qui s'était passé à Louvain et spécialement à l'Abbaye. Elle avait échappé de justesse à la destruction grâce aux scrupules et à l'intelligence d'un officier allemand qui avait attendu le contre-ordre avant d'exécuter l'ordre. Nous avons essayé de le retrouver après la guerre. Malheureusement il avait été tué en Russie; mais nous nous sommes intéressés à la seule personne vivante de sa famille, sa sœur. Quant à dom Beauduin, il s'était occupé de choses qui n'ont rien à voir avec la liturgie et il avait été obligé, à un moment donné, à disparaître dans la nature. Il avait cependant été arrêté dans la cave d'un presbytère, où il s'était caché derrière de grands pots de beurre. Il avait été conduit pour interrogatoire devant un tribunal militaire qui siégeait dans une maison communale; mais, en attendant son tour, on l'avait placé dans une pièce séparée, sous la surveillance d'une sentinelle armée. Là, le soldat commença par somnoler, puis il s'endormit fran-

chement. Dom Beauduin comprit que c'était le moment de
sortir sur la pointe des pieds. Seulement, il y avait une autre
sentinelle à la porte de la maison communale. Alors dom
Beauduin paya d'audace et, faisant appel à ce qu'il savait
d'allemand, il dit quelque chose qui devait signifier : « Grâce
à Dieu, je suis libre. » La sentinelle comprit, car elle sourit
avec sympathie. Dom Beauduin fut condamné à mort par
contumace, mais il parvint à franchir la frontière hollandaise après d'autres aventures aussi rocambolesques, et il
continua à travailler pour le Service de renseignements bri-
tannique. Je l'ai rencontré deux fois pendant la guerre à
l'occasion de permissions. La première fois à Edermine en
Irlande, dans le comté de Wexford, où quelques moines de
Maredsous avaient fondé une petite communauté. Dom
Beauduin loua une villa dans les environs pour y héberger
des soldats belges en permission. Il avait reçu, entre autres,
des séminaristes flamands. Or c'était au moment où passait
sur l'armée belge une vague de flamingantisme. Du coup,
le ministère de la guerre soupçonna cette maison d'être un
centre de flamingantisme et il interdit de délivrer des titres
de congé pour cette destination. La deuxième et dernière fois
que je rencontrai dom Beauduin, ce fut à Londres, dans les
derniers jours d'août 1918. Je nous revois encore déambulant
la nuit dans les environs de Victoria Station, où je devais
prendre le train de nuit pour Folkestone. Nous n'avons pas
parlé de liturgie. Dom Beauduin devait avoir d'autres
préoccupations. Quant à moi, j'allais rejoindre le VIe régi-
ment de Chasseurs à pied à La Panne où il était en réserve
en vue de la prochaine offensive. Je savais que, dans quelques
semaines, je serais aux premières loges pour le feu d'artifice,
et ce n'était pas le moment de faire des projets à longue
échéance.

Dom Beauduin rentra au Mont César avant moi et se remit
à la besogne. Il publia le cinquième volume des *Questions
liturgiques et paroissiales*, portant la date de 1918-1919.

Cependant si le travail avait été interrompu par la guerre, le grain semé dans les années antérieures avait germé en d'autres pays que la Belgique. Je ne parle pas de la Hollande qui avait été touchée dès le début par les Semaines d'étude flamandes. Le premier pays où le mouvement liturgique s'implanta fut l'Italie. Dès 1914, avant la guerre, l'abbaye bénédictine de Finalpia commença la publication de la *Rivista liturgica*. Mais c'est l'Allemagne qui fournit le plus solide appui au mouvement liturgique, avec un peu de retard à cause de la guerre et de la misérable situation du pays dans l'immédiate après-guerre. Pourtant, ce ne fut pas une improvisation. En 1921 paraissait le *Jahrbuch für Liturgiewissenschaft* sous la direction de dom Odon Casel, moine de l'abbaye de Maria Laach en Rhénanie. Puis le même monastère entreprit deux collections, l'une pour l'édition des textes liturgiques, l'autre pour des recherches, sous la direction de dom Cunibert Mohlberg, dont j'ai parlé plus haut. Elles fusionnèrent ensuite en une seule collection, *Liturgiegeschichtliche Quellen und Forschungen*, dans laquelle j'ai publié en 1963 mon édition critique de la *Tradition apostolique* de saint Hippolyte. Enfin une collection qui s'adressait à un plus large public, *Ecclesia orans*, qui voulait faire connaître l'esprit de la liturgie, sous la direction de dom Ildephonse Herwegen. Cette dernière faisait comprendre que les autres collections n'étaient pas de pure érudition, mais devaient servir à rénover la vie liturgique dans l'Église. Dom Beauduin s'était appuyé dès l'origine sur les derniers travaux des liturgistes français de l'époque. Mais il était évident qu'une étude plus poussée de la tradition permettrait de mieux comprendre le sens des rites et des textes. Le directeur du *Jahrbuch*, dom Casel, entreprit d'ailleurs un approfondissement de la théologie liturgique par la doctrine du mystère. Cet essai fut diversement apprécié et aujourd'hui encore il est discuté. L'opposition parfois violente qu'il rencontra vint en partie d'une confusion.

Un certain nombre de critiques indépendants avaient essayé d'expliquer les origines du christianisme non plus par un développement doctrinal mais par l'influence des cultes à mystères. A première vue, dom Casel semblait leur donner raison et cette nouvelle théologie était suspecte. La pensée de dom Casel était tout autre. Il partait du fait, indiscutable, que les cultes à mystères venus d'Orient avaient envahi tout l'empire romain. On pouvait en déduire que ces cultes répondaient à des aspirations religieuses qui n'étaient pas satisfaites par la froideur des rites officiels. N'était-ce pas là une préparation au christianisme, comme la philosophie? Dès lors, une fois le christianisme venu, on pouvait trouver dans le langage de ces cultes un mode d'expression pour présenter le mystère du Christ au monde hellénistique. Il n'y a là rien qui puisse offenser la foi. La question est de savoir si l'hypothèse se justifie historiquement. Pour ma part, je pense que dom Casel a eu le tort de transformer l'hypothèse en thèse, qu'il a voulu prouver en forçant souvent le sens des textes. Il me paraît impossible, par exemple, d'expliquer saint Paul par le langage des cultes à mystères. Mais on peut juger l'œuvre de dom Casel d'un autre point de vue, le point de vue théologique. Je n'ai pas de compétence particulière en la matière, car je n'ai jamais eu la bosse de la spéculation. Je me permets cependant de donner mon opinion pour ce qu'elle vaut. Le mot grec *mystèrion* a été traduit en latin par *sacramentum*. Tout l'effort de la théologie occidentale s'est porté sur la signification du mot, et on a abouti à la théorie des sept sacrements qui se distinguent des autres rites par leur mode d'efficacité. Les autres rites sont rangés dans la catégorie des *sacramentalia*, dont on ne voit pas bien la relation avec les sacrements. Je ne crois pas que les Orientaux, à l'époque patristique, soient arrivés à des résultats aussi précis. J'ai assisté un jour à la conférence d'un Russe orthodoxe qui rangeait la bénédiction de l'eau parmi les sacramentaux. Je me suis permis innocemment de demander comment on disait sacramental en grec. Il ne le savait pas et aucun des orthodoxes présents n'a pu me le dire. J'en ai conclu que c'était un emprunt à la théologie latine. Le terme *mystèrion* n'a donc pas le sens restreint que nous donnons au mot sacrement, et il est disponible pour un emploi plus large. L'emploi qu'en fait dom Casel permet de donner de la liturgie une vue d'ensemble cohérente qui ne divise pas les rites selon leur mode d'efficacité, mais les rapproche au contraire dans l'unité. Ainsi dans le baptême, selon la théorie traditionnelle, on distinguera le sacrement, c'est-à-dire la matière et la forme et, d'autre part, les rites accessoires qui sont des sacramentaux; mais on peut aussi considérer tout l'ensemble qui concourt au même but : la participation au mystère du Christ. L'année liturgique n'est pas un sacrement, mais c'est aussi un mode de participation au mystère chrétien. Il me semble donc que la théorie de dom Casel, indépendamment de son fondement historique, permet de mieux comprendre ce qu'est la liturgie. Il faut constater en tout cas qu'en ces dernières années, elle a permis à des protestants une meilleure intelligence de la tradition de l'Église.

Un des mérites de l'école de Maria-Laach a été d'associer à son travail des universitaires, tel Anton Baumstark. La pointe de la recherche en matière de liturgie se situe désormais en Allemagne. Au siècle précédent c'était l'Angleterre, ou plus exactement l'Église anglicane.

Un autre centre du mouvement liturgique fut l'abbaye de chanoines réguliers de Klosterneuburg en Autriche, sous l'impulsion du Père Pius Parsch. Son but était essentiellement pastoral et pratique. Il poussa à l'emploi de la langue allemande dans certaines parties de la liturgie. Les nombreuses publications de Pius Parsch eurent un grand succès en Allemagne. D'autres monastères bénédictins furent aussi des centres d'action liturgique, tel le monastère de Singeverga au Portugal, où dom Antonio Coelho, dont j'ai parlé plus haut, créa en 1926 la revue *Opus Dei*, et en Amérique l'abbaye St. John de Collegeville.

En France il n'y eut pas de mouvement organisé avant la seconde guerre mondiale. La France restait à ce point de vue dépendante de la Belgique. Il y eut cependant un fait qui réjouit particulièrement dom Beauduin : ce fut, si l'on peut dire, la conversion de la revue *Études*. Le premier et le plus combatif de ses adversaires avait été un rédacteur de cette revue, le Père Navatel. Or voici qu'un nouveau rédacteur de la même revue se déclarait partisan enthousiaste du mouvement liturgique, et ce n'était pas un inconnu. Il avait écrit un article sensationnel dans le journal de Gustave Hervé, *L'homme libre*. Les religieux chassés de France y étaient rentrés pour servir dans l'armée française. Mais la paix revenue, les lois françaises n'avaient pas changé et on parlait d'appliquer de nouveau celle qui avait obligé les religieux à s'exiler. C'est alors que le Père Paul Doncœur écrivit son article : « Nous ne partirons pas. » Publié dans un journal de gauche, l'article fit sensation et contribua à rendre le gouvernement prudent. L'éloge que le Père Doncœur fit du mouvement liturgique n'était pas une simple politesse faite en passant. C'était l'expression d'une profonde conviction. Je l'ai connu vingt-cinq ans plus tard : il était toujours aussi enthousiaste et il l'est resté jusqu'à la fin de sa vie.

J'ai dit plus haut que la France était restée sous l'influence de la Belgique. Il faut noter ici qu'un nouveau centre d'apostolat liturgique s'était créé chez nous à l'abbaye de Saint-André, sous l'impulsion de dom Gaspard Lefebvre.

Dom Lefebvre était un Français du Nord qui était entré à l'abbaye de Maredsous. De là il avait suivi dom Gérard van Caloen, chargé de réformer la Congrégation bénédictine brésilienne en pleine décadence. Pour trouver des jeunes gens disposés à repeupler les monastères vides, on avait fondé une Procure près de Bruges. C'est cette petite fondation qui fut le noyau de l'abbaye de Saint-André érigée en 1912. Elle changea d'orientation en acceptant une mission au Katanga. Dom Lefebvre revint du Brésil et fit partie de la communauté de Saint-André. Pendant la guerre l'Abbaye fut occupée par les Allemands et les moines furent dispersés. Dom Lefebvre profita de ces loisirs forcés pour préparer un *Missel quotidien* qui est bien connu. Ce qu'on ne sait pas généralement, c'est qu'il marchait ainsi sur les traces de dom Gérard van Caloen, le réformateur de la Congrégation brésilienne. Le seul missel latin-français qui existait à cette époque avait été édité par Desclée-Tournai : il avait été rédigé par dom van Caloen. Il était incomplet et peu commode, et il était très peu répandu. Celui de dom Lefebvre eut au contraire un succès durable et il fut traduit en plusieurs langues. Il contenait non seulement le texte et la traduction des prières liturgiques mais des commentaires et des appendices sur les sacrements. Dom Lefebvre composa aussi un petit missel adapté aux enfants, puis un *Bulletin* hebdomadaire destiné surtout aux sacristains et aux religieuses enseignantes, et enfin un matériel scolaire en tableaux didactiques. Dom Lefebvre était un travailleur infatigable et il avait le sens de l'organisation. On lui a reproché de travailler avec des ciseaux et un pot de colle. Je crois que c'est vrai, parce qu'on a retrouvé des fascicules du *Dictionnaire d'archéologie et de liturgie* dont des pages avaient été coupées à des endroits qui répondaient à des articles de dom Lefebvre dans son *Bulletin*. Mais le savant auteur du *Dictionnaire* faisait à peu près la même chose et c'était un juste retour de ce procédé. D'ailleurs, dom Lefebvre n'a jamais prétendu à l'originalité. Il visait à fournir des informations à un public modeste. Le *Bulletin paroissial et liturgique* répondait aux questions posées par les lecteurs. Il y avait parfois des questions naïves, ce qui permit un jour à un confrère de monter un canular. La rédaction reçut une lettre écrite de France par la supérieure des Purificandines. Voici quel en

était l'objet. Les Purificandines avaient hérité de leur fondateur une chasuble tissée de soie de deux couleurs, rouge
et vert, si bien que, suivant les jeux de lumière, la chasuble
paraissait verte ou rouge. Que fallait-il faire? Placer tous
les assistants du même côté ou occulter les fenêtres d'un
côté, afin que les fidèles ne voient que la couleur prescrite?
Le *Bulletin* reproduisit la lettre et essaya de résoudre ce
problème angoissant, ce qui était peut-être une preuve de
naïveté, mais aussi une marque de courtoisie vis-à-vis des
lecteurs. Quelles que soient les lacunes de l'œuvre de dom
Lefebvre, il faut reconnaître qu'elle a eu en France une
importance capitale. Le missel pouvait être dans toutes les
mains dès le jeune âge, et ce n'était pas seulement un livre
de prières, mais aussi un instrument de travail pour l'enseignement de la religion. Le *Bulletin* répondait aux besoins
d'un public que ne peut satisfaire la revue plus savante qui lui
a succédé : *Paroisse et liturgie.*

Les *Questions liturgiques et paroissiales* reparurent donc
tout de suite après la guerre, comme je l'ai dit; mais les
Semaines liturgiques ne recommencèrent qu'en 1924. Dom
Beauduin y prit la parole, mais on peut lire, dans le rapport
imprimé, un nouveau titre qui lui est attribué : Professeur
de liturgie au Collège Saint-Anselme à Rome. Il avait quitté
le Mont César au début de l'année académique 1923-1924.
Pourquoi a-t-il quitté l'Abbaye et, pratiquement, le mouvement liturgique? Avait-il déjà en vue l'apostolat œcuménique? Je ne le crois pas. Les raisons de son départ sont
plus simples, mais aussi plus délicates à expliquer. Quand
nous sommes rentrés de la guerre, la communauté avait
considérablement augmenté. Il y avait une dizaine de
figures qui m'étaient inconnues. Parmi eux, un ancien professeur de l'Université, dom Odon Lottin, bien connu pour
ses savants travaux sur la théologie médiévale. Il était entré
au monastère quelques jours avant la guerre. Après son
noviciat il était devenu professeur de théologie et recteur des

études. C'était un homme influent dans la communauté. Or, sans être hostile au mouvement liturgique, il n'en était pas enthousiaste. Il avait été impressionné par ce que lui avaient raconté les anciens des Semaines liturgiques d'avant la guerre. Quatre Semaines d'étude sur deux mois de vacances, c'était peut-être un peu trop. Il craignait l'activité débordante de dom Beauduin, et le lui avait dit. Ce n'est pas par dom Beauduin que je l'ai appris, mais par dom Lottin lui-même. D'autre part les jeunes qui étaient entrés au monastère pendant la guerre, à l'exception de dom Maur Grégoire dont je parlerai plus loin, ne connaissaient pas dom Beauduin et aucun ne semblait s'intéresser particulièrement au mouvement liturgique. Moi-même, j'avais à rattraper les années perdues pendant la guerre. Dom Beauduin se sentait un peu isolé. L'abbé du Montserrat lui avait écrit pour lui demander d'accueillir deux moines de son abbaye pour les initier à la liturgie. Dom Beauduin, en me racontant cela, s'était mis à rire et avait ajouté : « Que voulez-vous que je fasse? Je suis tout seul ici. » Il est certain qu'il se sentait un peu à l'étroit et il pensa qu'il rendrait plus de services dans une faculté internationale qu'au Mont César. Fit-il des démarches ou l'initiative vint-elle du Primat de Rome? je n'en sais rien. Quand j'étais moi-même au Collège Saint-Anselme en 1919-1920, il n'y avait pas de cours de liturgie, mais seulement deux ou trois conférences faites par dom Ildephonse Schuster, alors abbé de Saint-Paul-hors-les-murs, plus tard archevêque de Milan. Il est probable que le Primat avait senti le besoin d'un véritable cours de liturgie. De toute manière, dom Beauduin partit pour Rome. La direction de la revue fut confiée à dom Joseph Kreps, dont j'ai déjà dit un mot.

Dom Kreps était anversois. Après un an de philosophie au Petit séminaire de Malines, il était entré au Mont César. Il avait des dispositions pour la musique, mais il reconnaissait qu'à cette époque il ne savait rien. Quand il était entré, l'organiste était dom Ermin Vitry, qui fut le fondateur de la schola d'enfants. Mais dom Vitry retourna à Maredsous et dom Joseph prit sa place qu'il garda jusqu'à sa mort. Il perfectionna sa culture musicale en suivant des cours à l'Institut Lemmens à Malines, mais il travailla surtout par lui-même et il acquit une compétence indiscutable. Ce n'était pas seulement un bon technicien ; c'était un véritable artiste, avec ce que cela comporte de qualités et de défauts. C'était un parfait bohème, indifférent à certaines contingences. Il arrivait parfois en communauté avec une barbe de quatre jours, ce qui lui attira un jour une plaisanterie d'un confrère. Il était d'usage de mettre un bouquet de fleurs sur la table du réfectoire devant la place du confrère dont on célébrait la fête. Or, à la fête de saint Joseph, dom Kreps trouva à sa place un magnifique cactus. Il en rit de bon cœur. Il faisait son métier d'organiste avec enthousiasme, mais avec la conscience que son art était au service de la liturgie. Durant un séjour à Solesmes, il avait été invité à accompagner la messe conventuelle. En récréation, un Père demanda au chantre ce qu'il pensait de l'accompagnement. Celui-ci répondit simplement qu'il n'avait rien remarqué et qu'il ne savait pas qui avait tenu les orgues. Dom Kreps disait que c'était le plus beau compliment qu'on lui ait fait. Il avait exposé à un congrès sa théorie sur le rôle unificateur de l'organiste : il devait harmoniser entre elles les diverses pièces de chant en gardant la même tonalité. Jamais il n'introduisait dans un office une pièce étrangère, mais il improvisait toujours sur les thèmes des pièces de chant.

Dom Kreps garda aussi jusqu'à sa mort la même ardeur à diriger la schola d'enfants. Il avait une manière très personnelle de mener son petit monde. Quand on entendait des rugissements, personne ne s'inquiétait : on savait que c'était dom Joseph qui dirigeait une répétition. Pourtant les enfants l'aimaient beaucoup et ils gardaient de leur passage à la schola un souvenir durable. Il y a deux ans, j'ai rencontré à la sortie de l'église un ancien choriste, devenu aujourd'hui un grand avocat d'assises du barreau de Bruxelles. Il me dit : « Savez-vous pourquoi je suis venu aujourd'hui? Parce que c'est le cinquantième anniversaire de ma promesse de choriste. »

Dom Kreps avait une vaste culture musicale. Il connaissait très bien l'histoire des orgues et il a collaboré avec un grand facteur d'orgues de Bonn. Mais il s'est intéressé surtout à la paléographie musicale et à la musicologie médiévale. Il n'était pas d'accord avec les théories de l'école de Solesmes sur l'interprétation des signes rythmiques. Il est regrettable que tout le temps qu'il a consacré à cette recherche n'ait rien donné de positif. Il était intelligent et avait des intuitions justes; mais il manquait de méthode et s'égarait souvent dans les chemins de traverse qu'il rencontrait. J'ai essayé à un moment donné de travailler avec lui, mais j'ai dû y renoncer.

C'est donc dom Kreps qui eut la charge de la revue et celle des Semaines liturgiques. Celles-ci recommencèrent en 1924, mais avec un rythme différent. On les tenait une année au Mont César et l'année suivante dans une autre ville. Dans ce dernier cas, on ne s'adressait plus seulement au clergé, mais aussi aux laïcs, et on organisait des célébrations dans différentes paroisses. Ainsi, la première session après la guerre se tint à Malines. Je n'intervins pour la première fois qu'en 1927, par une communication sur l'invocation au Christ dans l'avant-messe. Cette session, tenue au Mont César, était sous la présidence de dom Bernard Capelle, moine de Maredsous.

Parmi les nouveaux collaborateurs il serait injuste de ne pas nommer dom Maur Grégoire. Il appartenait au groupe des tout premiers adhérents. C'est l'abbé Alphonse Grégoire qui avait pris la parole à la Semaine liturgique de Maredsous en 1911. Il était alors professeur de liturgie au séminaire de Tournai. Il entra au Mont César pendant la guerre. C'était un homme intelligent, spirituel, d'un commerce très agréable.

Il donna un certain nombre d'articles à la revue. Malheureusement c'était un esprit compliqué. On l'avait nommé professeur de liturgie. Il commença son cours par une définition de la liturgie, comme il convient. Il eut l'imprudence d'ouvrir une parenthèse avant d'avoir achevé sa définition, et la parenthèse ne fut jamais fermée. Il donna, en supplément de la revue, des modèles d'homélies liturgiques. Parmi les professeurs des séminaires belges, Monseigneur C. Callewaert était le plus compétent, mais le plus dynamique était le chanoine Croegaert, professeur à Malines. Grand, l'air sérieux, il avait un visage enfantin et certains tics le rendaient un peu ridicule. Son cours était une foire. Or, bien plus tard, un curé de Bruxelles, en racontant des souvenirs de jeunesse, se mit à le mimer. Puis il a ajouté : « Eh bien, c'est le seul cours qui m'a été vraiment utile pour mon ministère. Il donnait une synthèse théologique et il était si profondément convaincu qu'on ne pouvait pas ne pas être impressionné. »

Durant les premières années qui suivirent la guerre, le mouvement liturgique s'était à la fois étendu et consolidé. Il était devenu plus populaire et aboutissait à des résultats immédiats. Il bénéficiait de circonstances favorables, notamment du développement de l'Action catholique, spécialement du mouvement jociste. L'abbé Cardijn était un ami de l'Abbaye et, dès le début de son apostolat, il venait s'y recueillir avec ses premiers militants. Quand il commença à organiser de grands rassemblements, il confia à l'Abbaye le soin de préparer la messe, qui devait être le centre de la journée. Ce fut dom Kreps qui se chargea des répétitions du chant et de sa direction. Il le fit avec sa fougue habituelle et il devint une figure familière du mouvement jociste. Il est certain que ces assemblées de jeunes ouvriers, répondant au prêtre, chantant l'ordinaire de la messe, participant à l'offertoire et à la communion, faisaient progresser le mouvement liturgique plus que de nombreux articles.

Il y eut aussi à cette époque une évolution de la piété. Parmi les auteurs spirituels qui ont marqué un retour vers une piété doctrinale d'inspiration biblique, figure dom Columba Marmion, abbé de Maredsous. Quelle a été l'influence de celui-ci sur le mouvement liturgique? La question a été posée par un dominicain irascible en 1948. D'après lui, dom Marmion n'aurait pas compris grand-chose au mouvement liturgique et même il aurait autorisé un de ses moines à publier, dans un journal de Bruxelles, un véritable pamphlet contre le mouvement. Je comprends l'irritation de ce dominicain devant l'édition posthume des derniers écrits de dom Marmion. Ce n'est pas une raison pour se montrer injuste. Il est vrai qu'il parut en 1912 un article anonyme contre le mouvement liturgique. Il semble bien que cet article était l'œuvre d'un moine de Maredsous. Canoniquement, un supérieur est responsable de ce qu'écrit un de ses subordonnés, à condition qu'il lui ait donné son autorisation. Mais en l'occurrence, le moine en question avait-il demandé l'autorisation? Si le Père dominicain avait connu l'auteur présumé, comme je l'ai connu, il se serait montré plus prudent. Je suis à peu près sûr qu'il n'a rien demandé à personne. C'était un vieil original qui n'en faisait qu'à sa tête. Il était préposé à l'accueil des pèlerins et à la police de l'église. Or un beau dimanche, il aperçoit une dame élégante du côté réservé aux hommes, à côté d'un jeune ecclésiastique qu'on pourrait prendre pour un Français, car il ne porte pas le col romain comme les prêtres belges. Le Père-gendarme fonce sur la dame et, d'un geste impérieux, il la renvoie du côté des dames en disant : « Allez, Madame, au lieu de roucouler avec votre petit abbé français. » La dame était la baronne de Gaiffier d'Estroy, femme du gouverneur de la province de Namur, et le petit abbé français, son fils, le Bollandiste bien connu aujourd'hui. Le savant jésuite ne m'en voudra pas d'avoir dévoilé cet épisode de sa jeunesse, qui n'a rien d'infâmant ni pour sa mère ni pour lui. L'abbé de

Maredsous n'était pas responsable de cette incartade, pas plus que de bien d'autres. Il n'y a pas de raison de croire qu'il l'ait été de l'article incriminé, d'autant moins qu'il s'était montré favorable au mouvement : il avait approuvé l'ouvrage de dom Festugière et il venait d'accueillir dans son monastère la Semaine liturgique de 1911. Qu'il n'ait pas toujours compris tous les aspects du mouvement liturgique, c'est possible, mais ce n'est pas cela qui est en question. Qu'il l'ait voulu ou non, ses écrits ont-ils eu une influence sur la vie liturgique? Pour ma part, je le crois. J'ai suivi ses conférences dominicales pendant l'année 1913-1914 jusqu'à la mobilisation générale. Il parlait d'abondance, sans aucune note. Il annonçait un plan, mais il arrivait rarement au bout. J'ai conservé le meilleur souvenir de ces conférences, et je ne crois pas que je m'y sois jamais ennuyé, ce qui n'est pas le cas de beaucoup d'autres. On souhaiterait que beaucoup de prédicateurs connaissent saint Paul comme il le connaissait et s'en inspirent dans leur prédication.

Dom Marmion mérite-t-il d'être canonisé? C'est une question qui n'est pas de ma compétence, mais je dois avouer que de moi-même je n'y aurais jamais songé. J'avais beaucoup de respect pour lui et il m'était sympathique. Il racontait de grosses histoires, comme celle de l'Anglais qui avait une superbe paire de souliers et qui recommandait au garçon de l'hôtel de ne pas frotter avec une brosse, mais de polissonner avec une lingère. Cela n'offensait pas mes oreilles, qui n'ont jamais été particulièrement délicates. Je sais aussi qu'il ne dédaignait pas un coup de whisky. En 1915, j'allai en permission en Irlande. J'arrivai à Edermine le matin du jour où dom Marmion devait partir. Comme il n'y avait pas beaucoup de chambres, l'hôtelier attendit le départ de dom Marmion pour m'installer chez lui. Nous y avons trouvé un flacon de whisky, déjà largement entamé puisque je vidai le reste d'un trait. Je ne sais pas si ce fait serait un obstacle à la canonisation. Comme je n'ai pas été convoqué pour témoigner, cela ne m'a pas posé de problème de conscience. Personnellement je n'avais aucune raison de me plaindre. Dom Marmion avait eu la charité de me laisser un bon verre à déguster, alors qu'il aurait pu vider le flacon avant de partir. Cela n'a d'ailleurs aucune importance pour juger de l'influence des écrits de dom Marmion. Je suis persuadé qu'elle a été profonde et qu'elle a été bénéfique pour le mouvement liturgique.

5

Dom Bernard Capelle

La première Semaine liturgique à laquelle je pris part comme conférencier se tint au mois d'août 1927. Elle avait pour thème la première partie de la messe et elle était présidée par un moine de Maredsous, alors fort peu connu, dom Bernard Capelle. Au mois de mars de l'année suivante, il était élu abbé-coadjuteur du Mont César, et il devait tenir dans la suite une place importante dans le mouvement liturgique.

Paul Capelle était originaire de Namur. Après ses études d'humanités au collège Notre-Dame de la Paix, tenu par les jésuites dans sa ville natale, il entra dans le clergé du diocèse ; mais au lieu de suivre la filière normale du petit séminaire et du grand séminaire, il fut envoyé au Collège belge à Rome où il resta onze ans. Après avoir obtenu le doctorat en philosophie, puis en théologie, à l'Université Grégorienne, il prolongea sa formation par le doctorat en sciences bibliques. Il l'obtint avec une thèse sur le Psautier africain.

Après une formation aussi longue et aussi spéciale, on aurait pu croire qu'il allait être nommé professeur d'Écriture sainte au grand séminaire de Namur, d'autant plus que le titulaire de cette chaire était d'une nullité notoire. Il n'en

fut rien. Le brave chanoine resta en place encore pendant
une quinzaine d'années. Quant à l'abbé Capelle, il fut envoyé
comme vicaire dans la petite ville de Gembloux. Il exerça
son ministère quelques années puis, vers la fin de la guerre,
il entra à l'abbaye de Maredsous où il reçut le nom de
Bernard. Qu'est-ce qui détermina ce changement d'orientation? Je n'en sais rien. Ce ne fut certainement pas le dépit
de ne pas avoir été nommé professeur de séminaire. S'il
avait cherché la voie des honneurs, il ne se serait pas enfermé
dans un monastère. Je crois tout simplement que l'expérience
lui avait montré qu'il n'était pas fait pour le ministère
paroissial. Il avait un jour commis une maladresse dont il
gardait un pénible souvenir, car je lui ai entendu plus d'une
fois rappeler l'histoire. Il y avait à Gembloux une dame qui
venait de perdre son fils. Pour la consoler, l'abbé Capelle
lui avait dit que Dieu châtie ceux qu'il aime. Du coup la
dame s'était révoltée et avait cessé toute pratique religieuse.
Des années plus tard, alors qu'il était Abbé du Mont César,
dom Capelle allait encore à Gembloux pour rendre visite à
cette dame. A-t-il pu la ramener à de meilleurs sentiments?
Je ne l'ai jamais su. Il manquait certainement de sens psychologique et ne comprenait pas toujours ses interlocuteurs.
Quoi qu'il en soit, il entra à Maredsous et s'y trouva parfaitement heureux.

Après sa profession, il fut nommé directeur de la *Revue
bénédictine*. Il était bien préparé à cette tâche par ses études.
Sa thèse sur le Psautier africain l'avait familiarisé avec
Tertullien, saint Cyprien et saint Augustin. C'était tout à fait
dans la tradition de la *Revue bénédictine*. Dom Capelle lui
donna un nouvel intérêt en y ajoutant un supplément, le
Bulletin d'ancienne littérature latine chrétienne. Ce Bulletin
recensait tout ce qui paraissait sur les anciennes versions
latines de la Bible et sur les Pères latins. Tout allait bien
quand une circonstance fortuite vint changer le cours des
choses. Après la guerre, Maredsous et le Mont César

s'étaient séparés de la Congrégation de Beuron et s'étaient
unis à l'abbaye de Saint-André qui s'était détachée de la
Congrégation brésilienne. Ainsi s'était fondée la Congrégation belge. Le chapitre général décida que les études
théologiques se feraient au Mont César. Or il arriva une
année qu'il manquait un professeur de théologie. On fit appel
à dom Capelle qui passa ainsi un an au Mont César. Il fut
un excellent professeur de théologie, mais en outre il gagna
la sympathie de la communauté. C'est ainsi qu'on l'invita
à présider la Semaine liturgique de 1927. L'année suivante,
un problème se posa à la communauté. L'abbé fondateur,
dom Robert de Kerchove, prenait de l'âge et ne pouvait plus
suffire à la tâche. Il donna sa démission et le chapitre dut
choisir un coadjuteur avec droit de succession. Dom Capelle
fut élu à l'unanimité. Je n'ai jamais vu élection plus expéditive, et sans les formalités exigées par le droit canon, cela
aurait été encore plus rapide, car nous étions tous d'accord
avant d'entrer en séance. Pour un candidat aux honneurs,
c'eût été un triomphe; pour dom Capelle, ce fut une catastrophe. Il était si profondément attaché à son monastère
de profession, à ses confrères, à son travail, que s'en séparer
était pour lui un douloureux arrachement. Son voisin de
chambre l'entendit sangloter. Mais il y avait pour lui un
problème de conscience. Pouvait-il, pour sa tranquillité personnelle, rejeter l'appel qu'une communauté lui adressait
avec une telle unanimité? Il accepta, mais il garda longtemps
la nostalgie de Maredsous et je ne suis pas sûr qu'elle ait
jamais disparu tout à fait.

Sa mission était délicate. Il devenait coadjuteur d'un vieil
abbé qui conservait son titre mais n'avait plus en fait aucune
juridiction. C'est une solution canonique hybride, qui a eu
en d'autres abbayes des effets désastreux. Mais en l'occurrence, elle n'eut au Mont César aucun inconvénient, grâce
surtout à l'admirable loyauté du vieil abbé qui s'abstint
désormais de toute intervention. Il n'était peut-être pas tou-

jours content, mais il ne le montrait jamais. Dom Capelle avait pour lui la plus grande vénération et s'efforçait de le ménager.

Dom Capelle était alors dans toute la force de l'âge : pas très grand, mais solide, massif, un peu enclin à l'embonpoint. Je lui ai un jour donné des sueurs froides. Nous étions allés à la ferme en récréation et là l'idée nous était venue de nous peser. Dom Capelle monta sur le grand plateau de la balance, tandis qu'un confrère mettait les poids sur le petit plateau. Arrivé à 80 kilos, dom Capelle manifesta une certaine inquiétude, mais la balance ne bougeait pas. A 85 et à 90, son inquiétude augmentait. Mais à 95, il avait l'air si malheureux que je retirai le pied que j'avais posé sur le plateau de la balance. Malgré sa corpulence et malgré la réputation de lenteur qu'on attribue, à tort ou à raison, aux Namurois, il était alerte, et il l'est resté jusqu'à la fin. Il marchait à vive allure et il avait des gestes brusques et nerveux. Il avait l'habitude de couper les pages des revues et des livres avec un ouvre-lettre aigu et faisait régulièrement des trous dans la marge intérieure. Comme bibliothécaire, je me suis permis de lui offrir un coupe-papier en buis à bout arrondi. Au réfectoire il avalait son repas avec une rapidité qui agaçait visiblement le vieil abbé Robert, qui mangeait avec une sage lenteur. Un jour en récréation, l'abbé Robert lui dit : «Je vous admire beaucoup. Vous semblez n'avoir aucun goût pour la nourriture, vous l'enfournez comme si c'était du foin.» Dom Capelle protesta qu'il ne méprisait pas les nourritures terrestres et s'excusa en disant que cela datait de ses années de ministère, alors qu'il prenait ses repas à la hâte entre deux occupations. Il ne changea pas d'habitude et continua à enfourner son foin.

Moralement, dom Capelle était gai et jovial, plein de bienveillance; mais, comme je l'ai dit, il manquait parfois de psychologie et ne trouvait pas toujours le geste ou la parole qu'il fallait. Il était mauvais diplomate, et je lui ai reproché plus d'une fois de s'être laissé rouler; il manquait d'audace et cédait trop facilement aux autres abbés. Les qualités de dom Capelle compensaient largement ses défauts. Il avait accepté sa charge par pur dévouement et il ne ménagea pas sa peine.

Au moment où il entra en fonction, nous avions décidé la publication des *Recherches de théologie ancienne et médiévale*. Il prit sa place dans l'équipe. Mais il y avait aussi le mouvement liturgique et les *Questions liturgiques et paroissiales*. Dom Capelle décida d'y contribuer aussi personnellement.

Dom Capelle n'avait jamais eu de cours de liturgie. Il n'avait pas passé par le séminaire et il n'existait alors aucun cours de liturgie à l'Université Grégorienne. Mais il figurait parmi les premiers abonnés des *Questions liturgiques et paroissiales* au temps où il était vicaire à Gembloux. D'autre part sa formation biblique et patristique et son expérience en matière de critique textuelle et littéraire le préparaient à étudier la liturgie avec un œil neuf. Cependant, malgré le caractère technique de son œuvre, il ne perdit jamais de vue que le but final était pastoral et il ne dédaigna pas la vulgarisation.

Au mois d'août 1928, il prit part à la Semaine liturgique de Tournai, dont l'organisation était toujours confiée à dom Kreps. Le thème était le canon de la messe. J'y pris la parole pour une communication sur l'ange du sacrifice qui est évoqué dans la prière *Supplices te rogamus*. Parmi les autres conférenciers, il y avait Joseph Coppens, alors jeune professeur à la Faculté de théologie de Louvain. C'était la première fois qu'un professeur de cette faculté manifestait de la sympathie au mouvement liturgique. Sa communication sur les rapports entre les mystères païens et les mystères chrétiens me parut un bon exposé du problème. Mais, je ne sais pourquoi, elle fut assez fraîchement accueillie par Monseigneur Batiffol qui présidait la séance.

Un autre orateur dont je me souviens est le Père Lemonnyer, dominicain. Lors de l'expulsion des religieux, les dominicains français s'étaient réfugiés au Saulchoir, près de Tournai. Les étudiants furent autorisés à suivre les conférences de la Semaine. Y eut-il dès lors une influence du mouvement liturgique sur les dominicains qui organisèrent le mouvement en France après la guerre de 1940? Je l'ignore. Mais j'ai rencontré plus tard des dominicains qui m'avaient écouté en 1928.

Mais revenons au Père Lemonnyer, qui était professeur au Saulchoir. Il montra la convenance qu'il y avait à communier à la messe avec des hosties consacrées à cette messe. C'était un excellent théologien, à cheval, si l'on peut dire, sur deux disciplines. Il était bibliste et en même temps commentateur de saint Thomas. Le Père Abbé l'invita plus tard à prêcher la retraite pour la communauté, espérant qu'il parlerait de saint Paul, qu'il connaissait très bien. Mais il nous fit un commentaire des articles de la Somme de saint Thomas sur la vertu de religion, y compris l'article sur le serment. Il est mort à Rome, assisté par le Père Garrigou-Lagrange. Comme celui-ci, en bon Méridional, multipliait les invocations et les exhortations, le Père Lemonnyer lui dit : « Laissez-moi mourir en paix. »

L'année suivante, dom Capelle prit une nouvelle initiative, celle de cours publics de liturgie qui se feraient au Mont César, à la fois pour nos élèves en théologie et pour des religieux d'autres ordres, éventuellement pour des élèves de la Faculté de théologie. Car il n'y avait pas à cette époque de cours de liturgie à l'Université. Il y en avait eu un, peu de temps avant la guerre, confié à Monseigneur C. Callewaert; mais son mandat n'avait pas été renouvelé et, depuis lors, il n'y avait plus rien. Les cours que dom Capelle voulait organiser se feraient le mardi après-midi, de novembre à Pâques, à raison de deux heures par semaine. Mais dom Capelle souhaitait avoir un second professeur pour partager ces cours avec lui, et il me demanda de me charger de cette seconde heure. C'est ainsi que je suis devenu professeur de liturgie.

Pas plus que dom Capelle, je n'avais suivi de cours de liturgie. J'avais pris la parole deux fois aux Semaines liturgiques de 1917 et 1928, j'avais fait quelques recensions dans les *Questions liturgiques et paroissiales,* mais ce n'était pas mon métier. Après la guerre, on s'était aperçu que la manière dont on recrutait les professeurs de théologie n'était pas très rationnelle. Le principe semblait être que n'importe qui pouvait enseigner n'importe quoi avec la bénédiction de l'abbé. Spirituellement c'était très profitable à ceux qui étaient nommés, car cela leur permettait de mettre en pratique le chapitre de la règle de saint Benoît sur les choses impossibles qui peuvent être imposées au moine. On disait d'ailleurs que le meilleur moyen d'apprendre quelque chose est de l'enseigner, et c'est peut-être vrai; mais il faut ajouter que c'est généralement au détriment des élèves. J'étais le premier qu'on avait envoyé à l'Université pour me préparer à l'enseignement. On m'avait d'ailleurs laissé libre de mon orientation et j'avais choisi l'Écriture sainte. Je voulais me spécialiser dans la critique textuelle du Nouveau Testament, et je m'étais mis à l'étude des langues orientales, parce que la connaissance des anciennes versions est indispensable en la matière. Après la fin de mes études, j'étais devenu professeur d'Écriture sainte en même temps que bibliothécaire et second chantre. Je n'avais donc aucune préparation spéciale pour enseigner la liturgie. J'étais, comme dom Capelle, un bibliste égaré dans la liturgie. Mais j'avais une bonne formation biblique et j'étais aussi formé aux méthodes de la critique textuelle et littéraire. Il suffisait d'appliquer ces méthodes aux textes liturgiques. De plus, ma connaissance des langues orientales me donnait accès à des liturgies souvent mal connues des liturgistes occidentaux. Les choses s'arrangent toujours dans la vie, même si c'est autrement qu'on l'a prévu. Si je m'étais préparé à enseigner la liturgie, il est plus que probable que je n'aurais pas étudié les langues orientales. Je les avais étudiées pour faire de la critique textuelle du Nouveau Testament, et voilà que les hasards de la vie me donnaient une nouvelle orientation qui me détournaient de mon but. Je n'ai gardé de mon ancien métier que les articles du *Supplément au Dictionnaire de la Bible*, sur les textes et manuscrits bibliques.

J'ai tiré parti aussi de mon expérience de bibliothécaire. C'est incroyable ce qu'on apprend quand on est bibliothécaire et qu'on fait son métier honnêtement. J'ai vu défiler des tas de braves gens qui préparent une thèse et ne savent par où commencer. Ils ne connaissent généralement pas les instruments de travail les plus élémentaires, et il faut les mettre entre leurs mains, sinon les manier à leur place. Cela prend du temps, mais cela fait partie du métier, et on apprend beaucoup de choses. C'est ainsi que j'ai appris à me débrouiller dans l'histoire des sacramentaires.

Les cours de liturgie du mardi furent bien accueillis. Nous avons eu un bon nombre d'étudiants des ordres religieux. Les plus nombreux furent les jésuites. La première année, nous avons parlé des origines de la messe. Je m'étais chargé de la partie biblique, tandis que dom Capelle étudiait les premiers documents patristiques et liturgiques. L'année suivante, dom Capelle étudia le cycle pascal et moi le cycle de Noël. C'est ce cours remanié que j'ai publié sous le titre *Les origines de la Noël et de l'Épiphanie*.

Dom Capelle était un excellent professeur. Non seulement son cours était bien structuré, mais son exposé était clair et vivant. Ses recherches devaient aboutir à une histoire de la messe romaine. Je lui avais proposé d'ajouter en appendice à son ouvrage une édition critique du canon romain. Mais, son livre ne venant pas, je demandai à publier à part mon édition du canon, en y ajoutant des textes parallèles et des notes.

Ces cours du mardi durèrent jusqu'à la guerre de 1940 et ils reprirent après la guerre.

Une conséquence inattendue de ces cours fut la nomination de dom Capelle comme maître de conférences pour enseigner la liturgie à l'Université. Il eût été plus simple de laisser les quelques étudiants que cela intéressait suivre les cours chez nous. Mais l'Université était jalouse et ne permettait pas que quelque chose se fasse à côté d'elle. Il fallait donc créer un cours de liturgie à la Faculté de théologie. Mais il n'y avait pas de candidat valable et il eût été ridicule de nommer un titulaire obscur alors que dom Capelle enseignait dans la même ville. On nomma donc dom Capelle. Mais c'était un cours fantôme, qui n'avait guère d'élèves. J'y reviendrai plus loin.

Les Semaines liturgiques continuèrent avec l'alternance entre Louvain et une autre ville. Je n'ai gardé de souvenir précis que de celle où, à propos de la participation des fidèles au culte liturgique, on en vint à traiter du sacerdoce des fidèles.

C'était la tarte à la crème de l'Action catholique. Un jésuite belge, le Père Dabin, avait écrit un gros livre, *Le sacerdoce royal*. Monseigneur Cerfaux en avait fait une recension féroce, qui aurait abrégé les jours de l'auteur. On avait construit tout un système compliqué de distinctions : sacerdoce général et sacerdoce spécial, sacerdoce ministériel, sacerdoce actif et sacerdoce passif. Qu'est-ce que cela pouvait signifier? Saint Thomas avait parlé d'une participation passive au sacerdoce, ce qui voulait dire qu'on percevait les effets du sacerdoce, ce qui est tout autre chose. Ce fut le chanoine Lebon qui poussa dom Capelle à étudier le problème à la lumière de la tradition.

Le chanoine Lebon était professeur de patrologie à la Faculté de théologie. Il était parfaitement compétent dans le domaine des controverses théologiques et christologiques du IVe au VIe siècle. Mais cet homme intelligent avait des œillières et n'avait jamais pu comprendre que les textes liturgiques pouvaient avoir un intérêt quelconque pour la théologie. Il avait un profond dédain pour les cours que nous faisions au Mont César et il dissuadait les rares étudiants qui avaient manifesté le désir d'y assister. L'importance que certains liturgistes donnaient au sacerdoce des fidèles lui paraissait suspecte. Il avait l'habitude de l'analyse méticuleuse des textes. Or, dans la littérature patristique qu'il connaissait, il n'avait jamais rencontré de développements sur le sacerdoce des fidèles. C'était une sorte de défi qu'il avait lancé à dom Capelle. Celui-ci releva le défi et décida que le sujet serait traité à la prochaine Semaine liturgique. Il m'appela et me demanda d'étudier la question chez les Pères. Je lui répondis que je n'avais aucune idée sur le sujet et que je ne voulais pas défendre une thèse préétablie. Je savais que les liturgistes souhaitaient trouver dans la tradition un appui pour leurs théories, mais je n'étais pas sûr que mes conclusions correspondraient à leurs désirs. Dom Capelle me répondit qu'il fallait une enquête impartiale.

Je me mis donc au travail consciencieusement et j'examinai tous les témoignages patristiques dans leur contexte. Je constituai ainsi un dossier abondant. Les conclusions que l'on pouvait tirer de l'examen des textes me paraissaient s'imposer. La plupart du temps, il s'agissait d'un sens purement métaphorique sans aucun rapport avec l'eucharistie. Il y avait cependant un certain nombre de textes où le sacerdoce était mis en rapport avec l'onction qui suit le baptême; mais dans ce cas, le sacerdoce n'était jamais seul : il se plaçait entre la royauté et le prophétisme, suivant la tradition de l'Ancien Testament où l'onction est donnée au roi, au prêtre et au prophète. Il n'y avait là évidemment qu'une analogie. L'image du prêtre évoquait l'idée de consécration. D'ailleurs isoler le sacerdoce de la royauté et du prophétisme faussait le sens. Je savais d'avance que ces conclusions causeraient à l'auditoire une désillusion, mais je

ne m'étais pas engagé à lui faire plaisir. Il était impossible
de déballer tout mon dossier en une heure. J'en fis donc un
résumé, et l'effet fut bien tel que je m'y attendais. Dom
Lefebvre était désolé et il me demanda si on ne pouvait pas
trouver davantage. Je ne pouvais pas lui garantir que mon
enquête était exhaustive, mais je lui répondis que cela ne
changerait pas grand-chose. Car la tradition n'est pas cachée
dans quelques textes isolés, mais dans l'ensemble concordant
des témoignages. Monseigneur Picard, aumônier général de
l'Action catholique, se fâcha. Il déclara que ce n'était pas
cela qu'il fallait, mais des choses qui enthousiasmaient la
jeunesse; que le Pape avait parlé du sacerdoce des fidèles et
que l'on pouvait continuer. Je lui répondis que je ne songeais
nullement à l'empêcher de parler du sacerdoce des fidèles,
je lui demandais seulement de ne pas prétendre parler au
nom de la tradition sans avoir pris la peine de l'étudier. Le
chanoine Lebon était présent, et je crois bien qu'il fut à peu
près le seul à être content. Mais je n'avais pas eu un instant
l'idée de lui faire plaisir.

Cela se passait en 1933. Une vingtaine d'années plus tard,
de passage à Paris, je fus invité à un conseil de rédaction de
La Maison-Dieu. Il était question de faire un numéro sur le
sacerdoce des fidèles. Puisqu'on me demandait mon avis,
je le donnai en toute simplicité, et j'eus l'impression d'être
un hérétique proférant des blasphèmes au milieu de Pères
orthodoxes. On me cita quelques textes que je connaissais
fort bien. Je fis remarquer qu'on ne pouvait les interpréter
en dehors de leur contexte. Il suffisait de lire la suite pour
s'apercevoir que jamais il ne s'agissait de l'offrande eucharistique. Baser tout le mouvement liturgique sur une interprétation au moins douteuse d'un texte biblique, sans aucun
fondement sérieux dans la tradition, me paraissait une erreur
regrettable. Il y avait eu à Rome quelques réactions contre
l'abus que faisaient certains théologiens du texte de saint
Pierre sur le sacerdoce royal. Les rédacteurs de *La Maison-*

Dieu voulaient défendre une interprétation qu'ils estimaient traditionnelle. Mais personne n'avait étudié sérieusement le problème. Je leur fis remarquer que leur démarche n'était pas très rationnelle. Celle de dom Capelle, vingt ans auparavant, avait été beaucoup plus saine : il y avait un problème, il fallait l'étudier sérieusement avant de prendre position. Cette fois, on était parti en guerre avant même de connaître l'état de la question. Personne n'avait lu, ni l'article remarquable du chanoine Cerfaux sur l'exégèse du texte de saint Pierre, ni ma communication de Louvain. Le premier à se rallier à mon avis fut le chanoine Mansencaux, du diocèse de Bordeaux, si mes souvenirs sont exacts. Il remarqua que les simplifications de l'enseignement aboutissaient à des formules équivoques comme celle qu'il avait relevée dans les leçons de catéchisme d'une brave religieuse : « Le baptême nous fait enfants de Dieu et prêtres de Jésus-Christ. » Finalement, les rédacteurs de *La Maison-Dieu* renoncèrent au projet d'un numéro sur le sacerdoce des fidèles.

J'ai anticipé de vingt ans. Revenons en arrière.

6
Nouveaux ouvriers

Il était important pour le mouvement liturgique d'être soutenu par une recherche qui le maintienne dans la ligne de la tradition. Mais pour qu'il reste un mouvement, il devait aussi se traduire par des réalisations concrètes au niveau du peuple chrétien. Le Mont César eut une équipe qui organisait dans les paroisses des journées liturgiques. Le but était d'aider les curés à promouvoir dans leur paroisse la participation active des fidèles par des instructions, des répétitions de chant et l'animation des célébrations. L'équipe était formé par dom Kreps et dom Augustin François, ancien aumônier des étudiants de l'Université, auxquels se joignit ensuite dom Pierre Symons qui fut pendant plusieurs années directeur du Bureau liturgique. C'était là un travail obscur qui n'a pas laissé de trace dans l'histoire. Mais il était nécessaire pour que le mouvement liturgique garde contact avec la réalité pastorale.

Les *Questions liturgiques et paroissiales* passèrent aux mains de dom Anselme Robeyns, qui avait pris part avec moi à la Semaine liturgique de 1933 sur le sacerdoce des fidèles. Il atteint en cette année 1972 la limite d'âge comme professeur de liturgie à l'Institut des sciences religieuses de l'Université.

Le plus grand travailleur que nous avons eu et que, malheureusement, nous avons perdu dans toute la force de l'âge, fut dom Placide Bruylants. La plus vieille image que je garde de lui est celle d'un petit bonhomme aux joues rondes et rouges, vêtu de l'aube des choristes et assis bien sage et bien droit sur un banc du chœur. Il avait une jolie voix et après quelques années il était devenu chef de chœur. Il fit ses humanitès au collège Saint-Pierre à Louvain, puis il entra au noviciat de l'Abbaye. Il était d'origine modeste. Son père était ouvrier forgeron. Sa mère était aveugle, ce qui ne l'empêchait pas de faire son ménage toute seule. Il ne cachait pas que son enfance s'était passée, non dans la misère, mais dans une certaine pauvreté et qu'il n'avait pas toujours mangé à sa faim. Il ne rougissait pas d'être le fils d'un simple ouvrier, il aurait été plutôt enclin à s'en vanter. Je l'ai eu comme élève pendant quatre ans. Ce n'était pas ce qu'on appelle un brillant sujet, et il le savait. Il se jugeait très sainement : il avait conscience de ses limites et de ses possibilités. Il savait qu'avec de l'acharnement il ferait du travail utile qui serait à sa mesure. Et c'est bien ce qui est arrivé.

Le premier travail que je lui ai proposé est la *Concordance du Sacramentaire léonien*. L'histoire de cette concordance est curieuse. J'avais eu comme élève, à l'Institut des sciences religieuses de Saint-Louis à Bruxelles, une jeune licenciée en sciences commerciales, employée à la Banque de Bruxelles. Elle s'y ennuyait comme un rat mort et en devenait neurasthénique. Elle en avait par-dessus la tête de faire des additions à longueur de journée. Elle me demanda si je n'aurais pas à lui proposer, pour la distraire de ses chiffres, un travail plus intelligent et qui serait utile. J'avais déjà pensé qu'une concordance du Sacramentaire léonien rendrait des services mais je n'avais personne pour faire les fiches. Je me dis que je pouvais essayer de profiter de l'occasion. Je proposai donc à cette demoiselle la mise sur fiches du sacramentaire. Elle était très intelligente. Je lui donnai quelques leçons complémentaires de latin et je vérifiais de temps à autre son travail. On pensera peut-être que j'ai de singulières méthodes pour guérir de la neurasthénie. Une méthode se juge à ses fruits et, en l'occurrence, le résultat fut excellent à tout point de vue. La demoiselle était guérie. Elle s'est mariée, a eu quatre enfants, et est aujourd'hui deux fois grand-mère. Quant à moi. j'avais quelque quarante mille fiches qu'il fallait classer. Je proposai à dom Placide de s'en charger et il accepta volontiers. Restait alors l'impression du texte. Je n'ai jamais eu l'illusion qu'un éditeur pourrait jamais accepter d'éditer un volume aussi considérable à ses frais, et je n'avais pas un sou. Je pensais qu'il suffirait de faire dactylographier le texte et, pour réduire les frais, de faire quelques exemplaires supplémentaires au carbone. J'écrivis donc à quelques personnes que cela pouvait intéresser, notamment à Paul Faider. Celui-ci, professeur à l'Université de Gand, avait été nommé, après la flamandisation, conservateur du Musée de Mariemont. Il était en même temps secrétaire de l'Union internationale pour la rédaction du nouveau Du Cange et directeur de l'*Archivum latinitatis medii aevi (Bulletin Du Cange)*. Je lui proposai donc de prendre un exemplaire de la concordance. A la réunion suivante du comité international, il fit part de mon offre. Le Professeur Arnaldi, délégué de l'Italie, se leva dès qu'il sut qu'il s'agissait d'un manuscrit de Vérone, et déclara que cela relevait exclusivement de son pays. C'était d'autant plus stupide qu'Arnaldi ne connaissait rien des sacramentaires. Il avait édité un *Lexicon latinitatis italicae imperfectum* et pas un sacramentaire ne figurait dans ses sources. Quoi qu'il en soit, il n'y avait plus rien à espérer de ce côté-là. Cependant, quelque temps plus tard, Paul Faider mourut et ce fut sa femme qui reprit ses fonctions. C'était pendant la guerre. Le papier était contingenté par les Allemands, mais le *Bulletin Du Cange* avait une situation privilégiée comme institution internationale. Madame Faider

disposait d'une quantité considérable de papier d'imprimerie, mais elle n'avait pas de copie et elle ne voulait pas
laisser son papier aux Allemands. Elle retrouva ma correspondance avec son mari et elle m'écrivit. Je lui envoyai
quelques petits articles, mais cela ne suffisait pas. Je lui
proposai alors d'éditer la concordance et elle accepta. J'allai
lui rendre visite à Mariemont avec dom Placide, et toutes
les dispositions furent prises pour l'impression. Ainsi l'Union
internationale ne me payait pas seulement un exemplaire
dactylographié comme je l'avais proposé, mais elle faisait
imprimer la concordance à ses frais, en dépit des protes-
tations d'Arnaldi. Nous avons pu faire tirer à part 250 exemplaires en payant le prix du papier. Il n'est pas douteux que,
si les études sur le Sacramentaire léonien se multiplièrent,
ce fut en grande partie parce que dom Bruylants avait fourni
un instrument de travail indispensable.

Cela encouragea dom Bruylants à persévérer dans la même
voie et à créer d'autres instruments de travail. C'est ainsi
qu'il créa un répertoire des *incipit* et des *desinit* des oraisons
de tous les sacramentaires, qui existe toujours sur fiches au
Centre de documentation de l'Abbaye.

Il savait utiliser toutes les bonnes volontés. Ainsi dom
Benoît, qui n'avait guère de dons intellectuels, lui tapait ses
fiches à la machine. Pour les classer, il avait un ami nommé
Vital — je n'ai jamais su son nom de famille — qui était
veilleur de nuit à la Société des chemins de fer vicinaux. Le
brave homme passait ses nuits dans un bureau. Il n'avait
qu'un bouton à tourner quand il voyait une lampe s'allumer,
et il ne demandait pas mieux que d'avoir autre chose
à faire.

Dom Bruylants publia ensuite ses *Oraisons du Missel
romain*. C'est un précieux instrument de travail, j'en ai fait
moi-même l'expérience. Plus tard, devenu directeur des
Questions liturgiques et paroissiales, il créera le Centre de
documentation liturgique avec son fichier de bibliographie

courante. Il avait aussi entrepris l'édition des bénédictions épiscopales, qui vient de paraître dans le *Corpus christianorum* grâce à dom Eugène Moeller.

Il s'est éteint subitement il y a quelques années, dans la chambre voisine de la mienne, sans que je sache rien. Il était rentré très tard de Rome, fort fatigué d'une session du Consilium. Je ne l'avais pas entendu rentrer et je suis sûr qu'il n'a pas appelé. On l'a retrouvé paisiblement couché sur le côté. Il s'attendait d'ailleurs à la mort. Il avait eu déjà un grave accident cardiaque et il m'avait dit qu'il s'attendait à mourir dans la cinquantaine. C'était une grande perte pour l'Abbaye.

Sur le plan international, le plus grand travailleur de ma génération est sans doute le jésuite autrichien Joseph Jungmann. Il inaugura sa carrière scientifique par une thèse sur la place du Christ dans la prière eucharistique, en 1925. Il publia ensuite de nombreux articles dans la *Zeitschrift für katholische Theologie*, avant de composer son œuvre capitale, *Missarum Sollemnia*, qui fut traduite en plusieurs langues. C'est une somme de tout ce qu'on peut dire de l'histoire de la messe. Il m'a raconté qu'il avait eu quelques déboires avec certaines traductions. Ainsi il avait employé l'expression « Festgedank » (idée de la fête). Comme cela ne se trouve pas dans le dictionnaire, les religieuses chargées de la traduction italienne s'étaient trompées sur le sens de « Fest » et avaient traduit par « pensiero fisso » (idée fixe). Le Père Jungmann est un homme modeste qui donne son avis calmement sans jamais s'imposer. Mais il est très écouté et on peut dire qu'il est le guide du mouvement liturgique allemand. Son influence sur le Concile de Vatican II et sur la réforme liturgique a été considérable.

Le Père Jungmann n'est pas un isolé. Il appartient à cette génération de chercheurs qui, depuis un demi-siècle, ont élargi notre connaissance des sources de la tradition et nous ont fait mieux comprendre le sens de la liturgie. Je ne puis pas les énumérer tous; je puis seulement évoquer ceux avec qui j'ai eu des rapports personnels.

Le doyen de ceux qui sont encore en vie est, je crois, le Père Jean-Michel Hanssens. Il est le premier titulaire du cours de liturgie de l'Université Grégorienne. Je ne connais pas exactement la date de sa nomination, mais je sais qu'il était déjà en charge en 1930, car c'est en cette qualité qu'il s'est présenté au Congrès liturgique qui s'est tenu à Anvers cette année-là. Il fut accueilli par dom Kreps qui s'imagina, on ne sait pourquoi, qu'un professeur de la Grégorienne qui portait un nom germanique ne pouvait être qu'Allemand. Il lui adressa donc la parole dans la langue de Goethe. Le Père Hanssens répondit en allemand et la conversation se poursuivit dans cette langue jusqu'au moment où le Père Hanssens se permit de demander à dom Kreps d'où il était originaire. « D'Anvers », répondit celui-ci. « Moi aussi », dit le Père Hanssens. La conversation continua alors dans le plus pur anversois. Le Père Hanssens est un travailleur consciencieux. Il croit dur comme fer à la méthode de critique textuelle de dom Quentin, mais il ne me semble pas qu'il en ait toujours fait un usage judicieux. Quand il édita les œuvres d'Amalaire, je lui fis remarquer que ses stemmas ne répondaient pas au choix qu'il avait fait dans les variantes du texte. Il répondit que ces stemmas ne représentaient pas tout à fait sa pensée, mais qu'ils avaient été manipulés par un employé de l'imprimerie vaticane et qu'il n'avait pas voulu attrister ce brave homme. Je ne crois pas qu'il ait réussi davantage pour les témoins de la *Tradition apostolique*. Mais on lui doit plusieurs volumes d'introduction sur les liturgies orientales, qui sont une mine précieuse de renseignements. Je regrette qu'il n'ait pas achevé ce travail.

En Angleterre, le plus grand liturgiste, malheureusement trop tôt disparu, fut dom Gregory Dix, moine de l'abbaye anglicane de Nashdom. Il est l'auteur de la première édition critique de la *Tradition apostolique* de saint Hippolyte. J'ai été amené plus tard à le critiquer et à le corriger; mais je reconnais que je lui dois beaucoup. Sa méthode était fondamentalement saine, mais sa faiblesse était que, pour les textes orientaux, il devait se fier à des traductions anglaises. Il avait préludé, dès avant la guerre, à son grand ouvrage, *The Shape of the Liturgy*, par des articles de revue. Cet essai sur la genèse de la liturgie eucharistique eut un énorme succès, et je reconnais qu'il contient des idées neuves et des vues pénétrantes; mais je suis très réticent sur des hypothèses hasardeuses. Je ne l'ai jamais rencontré, mais j'ai été en correspondance avec lui.

Dans le domaine de l'orientalisme, il faut signaler deux bénédictins allemands. Le premier est dom Odilon Heiming, de Maria Laach, actuellement directeur de l'*Archiv für Liturgiewissenschaft* et des *Liturgiegeschichtliche Quellen und Forschungen*. Dom Heiming est un élève d'Anton Baumstark, mais il a su prendre ses distances vis-à-vis des hypothèses aventureuses de son professeur. Il n'est pas exclusivement orientaliste. Il connaît aussi très bien les sources occidentales, spécialement celles de la liturgie ambrosienne. Il a eu l'amabilité d'accueillir dans sa collection mon édition de la *Tradition apostolique*. Pour mettre au point cette édition, j'ai passé un mois à Maria Laach et dom Heiming s'est mis à ma disposition pour me venir en aide; je lui en reste cordialement reconnaissant.

Un autre élève de Baumstark fut dom Hieronymus Engberding, moine de l'abbaye de Coesfeld, qui était devenu directeur de la revue *Oriens Christianus*. Il était d'une remarquable érudition, mais son jugement était moins sûr que celui de dom Heiming.

En France, l'abbaye de Solesmes a toujours été un centre d'études liturgiques, mais elle s'était spécialisée dans le chant grégorien et la paléographie musicale. Cependant, quelques années avant la seconde guerre mondiale, il y eut un rédacteur de la *Paléographie musicale* qui s'orienta vers les textes chantés et non plus seulement leurs mélodies. C'est dom Hesbert. Il publia l'*Antiphonale sextuplex*. Il avait eu une controverse épistolaire avec dom Kreps, mais ils ne se connaissaient pas personnellement. En 1940, dom Hesbert était mobilisé comme capitaine d'artillerie et il appartenait au corps d'armée qui fut pris par la tenaille allemande dans le Nord de la France. Fait prisonnier, dom Hesbert s'échappa. Ce n'était pas très compliqué. J'étais alors aumônier à l'Hôpital militaire de Lille et j'ai vu des milliers de prisonniers défiler dans la rue Nationale sans aucun gardien. Dom Hesbert trouva un costume civil et une bicyclette et il se mit à pédaler en direction de la Belgique. Il arriva ainsi un beau matin à la porte du Mont César et il se présenta à un Père qui sortait : « Dom Hesbert de Solesmes ». L'autre lui répondit : « Dom Kreps du Mont César ». Dom Hesbert passa quelque temps au Mont César, mais il n'était plus là quand je revins de Lille. Je ne l'ai rencontré que plus tard à Paris.

Si l'on veut faire un bilan de ce qui s'est fait entre les deux guerres, on peut constater que le mouvement liturgique a nettement progressé. Il est désormais soutenu par une recherche scientifique de qualité. D'autre part il s'est largement répandu dans tous les pays catholiques, à l'exception de l'Irlande. Un correspondant irlandais, consulté sur le mouvement liturgique dans son pays, répondit : « L'histoire du mouvement liturgique en Irlande est aussi simple que celle du serpent : il n'y a jamais eu de serpent en Irlande. » En 1915, j'ai assisté à un enterrement en Irlande. On m'avait dit que c'était la seule occasion où l'on chantait la messe. Mais là, on en avait pour son argent. On faisait venir tout le clergé des paroisses voisines et ils étaient une vingtaine à hurler la messe de Requiem. C'était effroyable. Je pense que les choses ont changé depuis lors. L'abbaye de Glenstal, fondée par Maredsous, est aujourd'hui un centre d'apostolat liturgique, et j'ai eu à l'Institut Supérieur de Liturgie de Paris six ou sept élèves irlandais qui étaient de qualité exceptionnelle.

Certains évêques, notamment en Belgique, avaient pris les choses en main et avaient institué des commissions diocésaines, mais je ne crois pas qu'il y ait eu déjà des organisations nationales, et moins encore internationales. D'ailleurs le mouvement liturgique n'était pas encore devenu réformiste. Cela ne veut pas dire qu'on trouvait tout parfait et qu'il n'y avait rien à changer. Mais sur le plan pastoral on tirait le meilleur parti de la liturgie traditionnelle. On savait qu'une réforme ne pouvait venir que de Rome et on restait dans la légalité.

Quelle était l'attitude de Rome vis-à-vis du mouvement liturgique? Elle fut, je crois, purement négative. Je n'ai le souvenir d'aucun acte ou d'aucun geste d'encouragement. Mais les timides initiatives qu'on avait prises étaient accueillies assez fraîchement. Ainsi pour la messe dialoguée. Répondre au prêtre, selon les rubriques, était l'office de l'acolyte; à la rigueur le peuple pouvait-il répondre avec l'acolyte. De même on avait enchaîné au chant du *Sanctus* celui du verset *Benedictus*, conformément au Missel romain; un décret imposa le rejet du *Benedictus* après la consécration. Les essais pour rénover la forme des vêtements liturgiques, notamment de la chasuble, ne furent guère appréciés. La Congrégation des Rites se retranchait dans un étroit rubricisme, posant en principe que ce qui n'était pas explicitement permis était défendu.

Quant à la réforme inaugurée par Pie X, si elle n'était pas enterrée, elle était mise en veilleuse. J'ai vu le début d'un travail sur la révision du Pontifical romain. C'était une collation de la dernière édition typique avec les éditions du XVIe siècle. Ce n'était pas une réforme en profondeur. D'ailleurs, le travail ne fut jamais achevé.

Les années qui avaient suivi la guerre de 1914-1918 avaient

été pour le mouvement liturgique une période de renaissance et de progrès. Mais le déclin s'annonçait. L'avènement de Hitler avait marqué en Allemagne un ralentissement du travail scientifique. L'extension progressive de la guerre allait tout arrêter, et sans doute pour longtemps.

C'est du moins ce que je pensais. Mais voilà qu'avant même la fin de ce déluge de feu et de sang, un message d'espoir me parvint, comme la colombe de Noé avec son rameau d'olivier. La colombe, en l'occurrence, était un jeune dominicain, dont j'ai oublié le nom, qui venait de Paris pour me proposer de collaborer à une nouvelle collection lancée par les Éditions du Cerf, les *Sources chrétiennes*. Il me demanda de me charger de l'édition de la *Tradition apostolique* et il insista sur l'urgence de ce travail, parce que ce texte était capital pour le mouvement liturgique qui venait de naître en France. C'est ainsi que j'ai appris que deux dominicains, les Pères Roguet et Duployé, avaient fondé un Centre de Pastorale Liturgique, avec l'aide d'un jeune professeur de la Faculté de Toulouse, l'abbé Martimort. J'acceptai de préparer l'édition. C'était peut-être une imprudence, car je n'avais pas mesuré toutes les difficultés de l'entreprise. De plus, les circonstances n'étaient guère favorables. L'Abbaye avait subi, en mai 1944, un sévère bombardement et se relevait à peine de ses ruines. La bibliothèque avait dû être entreposée dans les caves, car les « V 1 » continuaient à passer au-dessus de la ville en direction d'Anvers. Les jésuites avaient pris la même précaution. Quant à la bibliothèque de l'Université, seuls les murs étaient intacts et presque tous les livres avaient été réduits en cendres lors de l'incendie de 1940. J'eus quelque peine à extraire de la cave les livres indispensables et je me mis au travail. Je m'aperçus bien vite que, pour faire œuvre scientifique, il faudrait des années. En fait, il m'a fallu dix-huit ans pour aboutir en 1963 à mon édition critique. Mais puisque ce texte était pratiquement inaccessible au lecteur français et qu'on le jugeait fondamental pour le mouvement liturgique, je me résignai à faire une édition provisoire qui parut en 1946. Ce fut mon premier contact avec le mouvement liturgique français. Ce n'est qu'en 1948 que j'eus des rapports directs avec le Centre de Pastorale Liturgique de Paris.

7
Le Centre de Pastorale Liturgique de Paris

Le Centre de Pastorale Liturgique de Paris avait déjà pris contact avec le Mont César dès la fin de la guerre. Dom Capelle et dom Anselme Robeyns avaient déjà participé à des sessions organisées par le C.P.L. Ce ne fut qu'en 1948 que je fus invité personnellement, à la suite de quelques malentendus.

La direction du C.P.L. avait décidé de faire à Vanves une session d'étude sur la liturgie des malades. Pour parler de l'onction des malades, on avait invité le meilleur spécialiste en la matière, l'abbé Antoine Chavasse, alors professeur à la Faculté de Lyon. Mais celui-ci remarqua sur le projet de programme le nom d'un personnage qu'il ne désirait pas rencontrer ou, plus exactement, qu'il désirait ne pas rencontrer. L'abbé Philippeau était un original, vicaire à Saint-Louis d'Antin à Paris, qui passait toutes ses matinées à son confessional et toutes ses après-midi au cabinet des manuscrits de la Bibliothèque nationale. Il avait acquis ainsi une érudition un peu chaotique, mais il n'avait aucune formation sérieuse et — ce qui est pis — il manquait totalement de bon sens et ses déductions aboutissaient généralement à des hypothèses saugrenues. Or il avait publié un

article sur l'extrême-onction où il présentait trois opinions :
celle des théologiens traditionnels, celle des modernistes et
la sienne propre, qui était évidemment la bonne. La position
moderniste était représentée par l'abbé Chavasse. On
comprend donc que celui-ci ne tenait pas à entamer une
controverse avec ce singulier personnage. Il refusa. On
demanda alors à dom Capelle d'exposer le problème de
l'onction des malades; mais celui-ci n'était pas disposé à
accepter. Lors d'une précédente session du C.P.L., il avait
eu un sérieux accrochage avec le Père Roguet à propos de
la messe. Cela s'est arrangé plus tard : le Père Roguet
reconnut loyalement qu'il s'était trompé. Mais à ce moment
précis, dom Capelle voulait prendre ses distances vis-à-vis
du C.P.L. D'autre part, un refus pur et simple aurait pu
paraître un geste de rupture, d'autant plus que le C.P.L.
était visiblement dans l'embarras. Dom Capelle m'attendit
un matin au sortir de la messe conventuelle et me demanda
si je voulais bien le remplacer. Je lui répondis que, si j'étais
invité par la direction du C.P.L., j'accepterais. Je n'avais
jamais étudié spécialement le sujet, mais j'avais tout le temps
de me préparer. Je reçus une invitation et c'est ainsi que je
pris part pour la première fois à une session du C.P.L., en
qualité de bouche-trou.

Je retrouvai à cette session une vieille connaissance, dom
Lambert Beauduin. Exilé de Belgique à la suite de difficultés
qu'il avait eues à Amay au sujet de l'œcuménisme, il résidait
à Chatou, dans le diocèse de Versailles. Les fondateurs du
C.P.L. l'avaient pris comme conseiller et ils ont toujours eu
pour lui une affectueuse vénération. Il fit une communication
sur le viatique.

Il y eut aussi la fameuse conférence de l'abbé Philippeau.
Le malheureux avait condensé toute son érudition en un
volumineux dossier qu'il était impossible de déballer en une
heure. Il voulait en donner le plus possible et, à mesure que
le temps passait, il allait de plus en plus vite. Cela devint un

véritable marathon et, comme l'orateur avait une diction assez particulière, cela finit par être très drôle. L'auditoire s'amusait franchement et, quand l'abbé Martimort parvint à arrêter ce flot de paroles, tout le monde était de bonne humeur.

J'ai retenu aussi de cette session un fait caractéristique. Parmi la quarantaine de prêtres présents, plus de la moitié ignoraient totalement que le Rituel romain contenait une section sur la visite des malades, avec des lectures de l'évangile et des prières spéciales. Cela venait de ce que la plupart se servaient de rituels diocésains abrégés, où cette partie était omise. Je m'en souviens d'autant mieux que, peu de temps après, je recevais la visite d'un vicaire du Brabant wallon, qui venait me demander conseil. Il y avait dans sa paroisse un ouvrier malade, presque toujours alité. Il allait le voir régulièrement, mais le malade se montrait toujours désagréable. Or un beau jour il le trouva tout changé. Qu'était-il arrivé? Tout simplement que les Témoins de Jéhovah étaient venus et lui avaient lu l'évangile. Le malade dit simplement : « Monsieur le Vicaire, pourquoi ne m'avez-vous jamais parlé de tout cela? » Le vicaire en était troublé et il venait me demander s'il était permis de lire ainsi l'évangile aux malades. Je le rassurai en le renvoyant au Rituel romain. Mais quelle étrange aberration dans le clergé catholique de ne pas lire la parole de Dieu et de la remplacer par un vain bavardage!

Ces sessions de travail préparaient les grandes sessions de Versailles où venaient trois ou quatre centaines de prêtres. Elles se tenaient à Vanves, dans la banlieue parisienne, au prieuré Sainte-Bathilde, chez les bénédictines missionnaires. C'était une maison assez neuve, très agréable, avec un grand jardin. Ces réunions étaient privées et on ne pouvait y venir que sur invitation. J'ai vu plus d'une fois l'abbé Martimort mettre poliment à la porte des intrus qui voulaient s'imposer. Les invitations étaient envoyées à une quarantaine de personnes qui pouvaient apporter quelque chose aux discussions. Il y avait un large éventail de représentants du clergé français : curés de paroisses, aumôniers d'Action catholique, religieux de tous ordres. Il y avait aussi quelques laïcs, militants d'Action catholique. Parmi ceux-ci, je me souviens surtout d'André Cruiziat, dont j'ai toujours admiré le solide bon sens.

Le C.P.L. avait un statut particulier. C'était un organisme indépendant. Indépendant tout d'abord des dominicains, malgré les apparences. Car les Éditions du Cerf, propriété des dominicains, lui prêtaient au début un local et se char-geaient de ses publications. Indépendant aussi des évêques, sauf évidemment en ce qui concernait l'imprimatur. Le C.P.L. ne dépendait pas de la Commission Épiscopale de Pastorale et de Liturgie, présidée alors par Monseigneur Martin, archevêque de Rouen. Cependant il désirait travail-ler en plein accord avec cette commission, mais il n'a jamais été un organisme officiel. Il avait deux directeurs. L'un était l'abbé Martimort, ou plutôt le chanoine Martimort, car il avait été bientôt nommé chanoine de Chartres par Monsei-gneur Harscouët. L'autre était le Père Roguet, dominicain. Ils partageaient la responsabilité. Mais le Père Roguet, maître en théologie, avait conscience que sa formation pure-ment scolastique le préparait mal à prendre la direction et il s'effaçait volontiers devant son collègue.

Pratiquement, les séances étaient toujours présidées par le chanoine Martimort. Il savait résumer les positions diffé-rentes, sérier les problèmes, ramener le débat à son objet propre. On faisait du travail utile. Il n'y a qu'une chose qui m'agaçait un peu : on n'arrivait jamais à respecter l'horaire. Il semble que peu de conférenciers sachent mesurer à l'avance la longueur de leur communication. Ce n'est pour-tant pas difficile. Pour ma part, j'ai un système très simple. Une page dactylographiée à l'interligne moyen et avec une marge assez large prend deux minutes de lecture à haute voix. Si on dispose d'une heure, il ne faut jamais dépasser 30 pages. Il vaut mieux n'en écrire que 25, en prévision de pauses ou d'interruptions.

Les débats étaient parfois assez vifs. Certains curés de paroisses ouvrières se sont plaints que les techniciens de la liturgie n'étaient pas à l'unisson de leur angoisse pastorale. Je crois que ce n'est pas exact. Pour ma part, j'ai toujours écouté avec intérêt les curés qui exposaient leurs problèmes. Mais je n'étais pas là pour manifester mon émotion et j'avais une autre angoisse : celle de voir des prêtres d'une incontestable générosité se fourvoyer dans la politique et confondre le Grand soir avec l'avènement du Seigneur. Quand j'entendais un prêtre parler de son idéal marxiste, je n'avais pas à le juger. Dans quelle mesure l'idéal marxiste peut-il se concilier avec l'idéal évangélique? Je n'en sais rien et c'est à chacun à juger suivant sa conscience. Mais ce dont je suis sûr, c'est que la mission du prêtre est de prêcher l'évangile de Jésus-Christ et non l'évangile de Marx. Le problème s'est posé à propos de la fête du travail. Pouvait-on incorporer cette fête à la liturgie chrétienne? J'avais fait un rapport sur l'économie du salut et il fallait que je réponde à la question. J'ai dit non. La liturgie est la célébration de l'économie du salut, c'est-à-dire de l'action de Dieu dans le monde, et non la glorification des réalités humaines, si respectables qu'elles soient, comme le travail, la maternité ou la paternité. Celles-ci peuvent être sanctifiées comme toutes les réalités humaines, elles ne sont pas objet de culte. On peut bénir une locomotive ou un avion; mais on ne peut introduire dans l'année liturgique une fête du chemin de fer ou de l'aviation. Cela veut-il dire que les curés doivent ignorer la fête du travail puisqu'elle existe? L'Église peut s'y associer, comme elle s'associe à d'autres fêtes profanes telles que les fêtes nationales, et à cette occasion célébrer une messe pour les travailleurs. Il est vrai que ces fêtes humaines attireraient à l'église des gens qui ne s'intéressent ni à la mort ni à la naissance du Christ. Mais faire croire au peuple que l'Église peut donner au travail de l'homme le même sens et la même valeur que les marxistes, c'est ou bien une escroquerie ou bien une perversion de l'évangile. Certes les chrétiens ont le devoir, comme les autres, d'améliorer par leur travail la condition humaine, personne n'en doute. Mais est-ce là le royaume de Dieu que le Christ a prêché?

Les sessions dont j'ai gardé le meilleur souvenir sont celles qui ont été consacrées au sacerdoce. La première de ces deux sessions était annoncée quand éclata en France la crise des prêtres ouvriers. Le sujet n'était-il pas trop brûlant, d'autant plus qu'il débordait largement le domaine liturgique? Les organisateurs eurent le courage de ne pas reculer, et ils ont eu raison. Il fallait sérier les problèmes et tout d'abord partir d'une base doctrinale. On verrait ensuite quelles avaient été, dans l'histoire, les conditions de vie des prêtres. Pour ma part, j'avais été chargé d'étudier le sacerdoce d'après les rites d'ordination en Occident et en Orient. A la fin de la session, on constata qu'on n'avait pas épuisé le sujet et qu'il restait des points importants à approfondir. Notamment le chanoine Boulard, aumônier général de l'Action catholique rurale, avait été frappé dans mon exposé du caractère collégial du sacerdoce. Il demanda que cet aspect soit étudié dans une session suivante. Je traitai donc la question non plus du point de vue liturgique mais du point de vue patristique. En conclusion de la session, on proposa une nouvelle méthode d'approche du problème. La théologie traditionnelle partait du simple prêtre qui avait reçu le pouvoir de consacrer l'eucharistie. Le prêtre était essentiellement celui qui pouvait offrir le sacrifice. Mais alors, qu'était l'évêque? L'étude de la tradition nous ramenait à une autre méthode : partir de l'évêque, successeur des apôtres et chef du presbyterium. L'abbé Lesourd, curé de Saint-Sulpice, m'a dit qu'il avait assisté à l'entrevue de l'archevêque de Paris avec ses prêtres ouvriers. Le Cardinal avait commencé en citant le début de l'allocution du Pontifical : « Sacerdotem oportet benedicere. » Était-ce bien ce qu'il fallait dire à ce moment-là? N'aurait-il pas mieux fait en leur rappelant la solidarité du presbyterium avec son évêque?

C'est donc par accident, à la demande du chanoine Boulard, que je fus amené à étudier la collégialité. Ma seconde communication fut publiée dans *Irénikon*. Ensuite on me demanda un exposé pour une réunion œcuménique tenue à Chevetogne. Elle parut dans le recueil collectif *Le concile et les conciles*.

Les deux sessions de Vanves s'étaient bien passées et on décida de publier tous les rapports en un seul volume de la collection *Lex orandi*. C'est alors que les difficultés commencèrent. Certains dominicains français avaient eu des ennuis et le Général de l'ordre avait décidé que tout ce qui paraîtrait dans des revues et collections dominicaines devait être censuré à Rome. C'est ainsi que mes deux communications furent soumises à un dominicain de Rome. A ma stupeur, on voulait m'imposer des corrections ineptes. De toute évidence le censeur ne comprenait pas le français. Mon article d'*Irénikon* avait été lu et approuvé par Monseigneur Charue, évêque de Namur, qui s'intéressait vivement au problème. Je refusai catégoriquement de rien changer, et je menaçai de reprendre mes articles et de les publier à part en disant dans une préface pourquoi ils ne figuraient pas dans le recueil. Le Général des dominicains céda.

J'ai suivi régulièrement ces sessions de travail et je crois qu'elles ont donné au mouvement liturgique français une saine orientation. Le C.P.L. voulait réunir toute la documentation nécessaire pour une réflexion en commun. Tout d'abord pour la connaissance de la tradition. On ne se contentait pas d'une vulgarisation de seconde main, mais on demandait à des spécialistes, tels que dom Capelle, l'abbé Chavasse, le Père Daniélou, le Père Bouyer, d'étudier les problèmes. Du point de vue pastoral, on invitait les prêtres de milieux différents : curés de paroisses urbaines, rurales et ouvrières, des aumôniers d'Action catholique et des prêtres ouvriers. J'ai été frappé de la variété des expériences pastorales. Il était impossible de trouver des solutions qui conviennent à tous les cas. Mais le C.P.L. ne cherchait pas à fournir des recettes infaillibles, il voulait donner des principes et des orientations.

Quant aux réunions générales, qui se tenaient à Versailles, je n'y ai participé que deux fois. Elles avaient un autre caractère. Il n'était pas question d'entamer une discussion avec un auditoire de trois ou quatre cents personnes. On y présentait les résultats des sessions de travail, puis on organisait des carrefours.

Dans la première session de Versailles à laquelle je participai, je traitai de la prière du célébrant. Je fis l'histoire de l'eucologie : improvisation, composition préparée, formules fixes, compilation. Dès le IVe siècle, on avait limité la liberté de composition. Saint Augustin se plaignait déjà des bavards incompétents qui composaient des formules. Je mis l'auditoire en garde contre la tentation de rédiger des formules qui soient au goût du jour et puissent être comprises par l'homme de la rue sans aucune préparation. On ne fait pas une liturgie chrétienne pour un peuple qui ne connaît rien de l'Ancien Testament et pas grand-chose du Nouveau. Sans un renouveau de la catéchèse et de la prédication, une réforme liturgique est vouée à l'échec.

La seconde fois, je traitai des textes baptismaux. Il y avait un rituel bilingue, rédigé par une commission du diocèse de Paris, mais il contenait bon nombre de contresens. J'ai d'ailleurs connu un des membres de cette commission, qui a avoué qu'il y avait des passages que personne ne comprenait mais qu'il fallait bien donner une traduction.

On commençait à parler d'une réforme liturgique, j'y reviendrai plus tard. Mais le C.P.L. se montrait très prudent et mettait en garde contre les initiatives intempestives. Rien en tout cas ne pouvait se faire sans l'autorisation des évêques. Ceux-ci pouvaient permettre certaines expériences. Le C.P.L. a toujours été un organe modérateur et a essayé d'empêcher l'anarchie. Pourtant, il n'avait pas la faveur de Rome, il faut bien le constater. Je reviendrai sur ce point plus loin, à propos de l'Institut Supérieur de Liturgie.

Mes rapports avec le C.P.L. me firent connaître bon nombre de gens avec qui je continuerai de travailler. Les directeurs du C.P.L., bien entendu, mais aussi le Père Gy et le Père Dalmais, qui seront plus tard mes collaborateurs à l'Institut Supérieur de Liturgie. C'étaient alors de jeunes théologiens qui terminaient à peine leurs études. Parmi les auditeurs les plus assidus figurait le curé de Millau, qui devint ensuite évêque de Saint-Flour, puis archevêque de Reims, et qui est aujourd'hui archevêque de Paris, le cardinal Marty.

D'une manière plus générale, ces contacts me firent mieux connaître les Français. Jusque là, mon expérience se bornait à un séjour de six mois que j'avais passé à Lille comme aumônier de l'Hôpital militaire et en même temps comme vicaire à la paroisse du Sacré-Cœur. Depuis 1948, mes séjours en France se sont multipliés et j'ai pu observer les Français de plus près, avec sympathie mais aussi avec un certain esprit critique. Cela permet de comprendre bien des choses, même en liturgie. Le Français est atteint du virus politique. Il faut être de droite ou de gauche. Il ne peut y avoir de centre simplement, il y a un centre droit et un centre gauche, et cela se fait sentir dans les domaines les plus divers. J'ai eu une controverse avec un confrère français sur une question de critique textuelle. Je lui avais reproché d'employer une méthode majoritaire. Je reçus une réponse indignée. Mon correspondant protesta qu'il était ennemi de tout système majoritaire, que le suffrage universel était une absurdité, qu'il avait toujours été partisan du Maréchal et non du Général. Je lui répondis que, n'étant pas Français, je me souciais aussi peu du Maréchal que du Général. La politique influe aussi sur le jugement qu'on porte sur les réformes liturgiques. Plus on est à droite, moins on les apprécie. J'ai dîné un soir dans un milieu d'Action française. Là, j'ai appris qu'il n'y avait rien de bon dans ces réformes. Mais quand on approche du centre gauche, elles deviennent insuffisantes.

J'espère que mes amis français — j'en ai beaucoup, à droite et à gauche — ne se froisseront pas de ces remarques. J'ai toujours été bien accueilli en France et j'aime beaucoup les Français. Mais c'est précisément parce que je les aime que je me permets parfois de sourire gentiment de leurs défauts.

8
Problèmes de traduction

Les problèmes de traduction se sont posés dès le début du christianisme. Déjà la révélation de l'Ancien Testament n'avait pu se répandre dans le monde méditerranéen que grâce à une version grecque de la Bible, la Septante, qui deviendra la Bible des chrétiens. Le message de Jésus, une fois franchies les frontières de la Palestine, dut aussi prendre la forme d'évangiles grecs. On peut dire que la langue officielle de l'Église universelle fut le grec. Cependant, à mesure que l'évangile progressait à l'intérieur des diverses régions, on éprouva le besoin de traductions écrites dans diverses langues. Ainsi on voit apparaître dès le second siècle des versions bibliques en latin, syriaque, copte, puis en arménien, en géorgien et en éthiopien. Les liturgies ont subi la même évolution. C'était naturel, puisque la Bible était la base même de la liturgie. Les assemblées se passaient en lectures de l'Ancien Testament, des évangiles, des écrits des apôtres. Le Psautier était le livre de chant de l'assemblée. L'Église des premiers siècles ne songea jamais à célébrer les mystères du Christ dans une langue qui devait être inconnue du peuple. Au contraire, dès qu'elle trouvait une langue assez évoluée et possédant un système d'écriture, elle s'empressait de l'adopter. Si le latin est devenu langue liturgique, ce n'est pas parce que c'était une langue sacrée, mais parce que c'était la langue vivante du peuple romain.

Cependant les textes rédigés étaient fixés une fois pour toutes par l'écriture et ne pouvaient plus changer, tandis que la langue parlée évoluait et se dissolvait en dialectes suivant les régions. Il arriva un moment où les textes liturgiques ne furent plus compris par le peuple. Le même phénomène se produisit en Orient, surtout à partir du moment où les conquêtes de l'Islam imposèrent l'arabe dans une grande partie de ces régions. En Occident, le latin était la seule langue de culture. Ni les Celtes ni les Germains ne possédaient un système d'écriture avant le IVe siècle. Le latin n'était pas seulement langue liturgique, il restait la langue du monde scientifique, qui faisait l'unité de la civilisation occidentale. Telle était encore la situation au début du XVIe siècle, quand parurent les Réformateurs.

Parmi les revendications de la Réforme, celle qui nous paraît aujourd'hui la plus légitime, c'est bien la lecture de l'Écriture en langue vivante dans l'assemblée. Les choses ne sont pas aussi simples. Les Réformateurs avaient rompu avec la tradition. Qui vérifierait l'exactitude des traductions et la légitimité des interprétations qu'on en donnerait? Quant à une réforme de la liturgie par les nouveaux théologiens, c'était la destruction de la foi catholique. Quoi qu'il en soit, le Concile de Trente réagit énergiquement et maintint l'usage du latin pour préserver intact le dépôt de la foi contenu dans la prière de l'Église.

Il est certain que la barrière du latin a contribué à écarter le peuple chrétien d'une participation active aux mystères sacrés. Quand le mouvement liturgique commença, ses promoteurs comprirent que la première chose à faire était de renouer le contact au moyen de traductions. C'est ainsi que dom Beauduin commença par éditer *La vie liturgique*, qui mettait sous les yeux des fidèles les textes qu'on lisait

et leur traduction. Puis vinrent des missels complets, qui
eurent rapidement une large diffusion. Et il faut reconnaître
que le remède fut efficace, même s'il était imparfait. Les
missels se multiplièrent après la seconde guerre mondiale.
Outre celui de dom Lefebvre, il y eut bientôt le Missel rural,
le Missel d'Hautecombe, celui de dom Capelle, et un autre
en préparation qui deviendra celui du Père Feder.

Cette émulation entre les éditeurs était saine en soi, mais
elle présentait certains dangers. Tout d'abord il était évident
que tous les éditeurs avaient les meilleures intentions mais
n'avaient pas tous la même compétence et que l'exactitude
des traductions laissait parfois à désirer. De plus, si on
parvenait un jour à obtenir la célébration en langue vivante,
il faudrait bien arriver à un texte commun. Les directeurs
du C.P.L. estimèrent qu'il serait utile de coordonner les
efforts au lieu de les disperser. Ils proposèrent donc aux
éditeurs de missels de travailler avec eux à la traduction de
la pièce capitale du missel : le Canon, dont le texte est fixé
depuis saint Grégoire le Grand. Les éditeurs acceptèrent de
travailler en équipe. Dom Ghesquière, aujourd'hui abbé de
Saint-André, représentait le Missel de dom Lefebvre, le
chanoine Boulard le Missel rural, dom Dumas celui
d'Hautecombe, le Père Feder et le Père Gelineau le nouveau
missel auquel ils travaillaient. Mais les directeurs du C.P.L.
eurent l'intelligence d'associer aussi à leur entreprise une
spécialiste incontestée du latin des chrétiens, Mademoiselle
Christine Mohrmann. On ne pouvait faire un meilleur choix.
Quant à moi, je fus invité comme auteur d'une édition critique du Canon de la messe romaine.

Le travail de traduction comporte deux opérations : tout
d'abord comprendre le texte original avec toutes ses nuances,
et ensuite trouver des équivalences dans la langue de traduction. Cela paraît très simple. En réalité c'est assez
compliqué.

Pour comprendre un texte liturgique ancien, il ne suffit

pas d'une connaissance générale élémentaire du latin classique. Celui-ci a évolué, comme toutes les langues et, de plus, il a subi l'influence profonde du christianisme. D'autre part, à une même époque, il y a des niveaux de langue différents. Le Canon romain appartient à la prose oratoire rythmique du Ve siècle, et on ne peut la comprendre sans tenir compte de l'élément rythmique. Le choix de certains mots peut être dû à des raisons de « cursus ». Quant au recours à l'étymologie, qui tente souvent les amateurs, c'est la pire des méthodes. Il faut étudier l'évolution sémantique des mots. Je crois que nous avons fait du travail sérieux du point de vue philologique et qu'il a pu servir à des traducteurs en d'autres langues.

Quant à la traduction elle-même, nous étions d'accord pour la faire aussi exacte que possible, sans essayer une adaptation à tel ou tel milieu. On a donc gardé un style oratoire qui rende le même ton que l'original. A ce propos, je note un préjugé assez répandu sur le français moderne : il doit être fait de courtes phrases qui se suivent. Je crois qu'il y a là une confusion entre les niveaux de langue et les genres littéraires. Cicéron ne composait pas de longues périodes pour commander son déjeuner, mais il en faisait dans ses plaidoiries. N'y a-t-il en français aucune différence entre le style de la conversation et le style oratoire, de sorte que l'auditeur est aujourd'hui incapable de suivre une phrase de plus de trois lignes? J'ai fait un sondage chez des orateurs modernes, par exemple chez Monseigneur Chevrot. Il y a des phrases de sept lignes et plus, avec des qui et des que, et qui sont parfaitement claires. Mais l'exemple le plus frappant est celui du Général de Gaulle. Je n'ai aucune qualité pour juger de sa politique, puisque je ne suis pas français, mais comme orateur je l'admire sans aucune passion partisane. On dira que c'était un homme d'une autre génération. Mais quand il faisait un discours en 1968 ou 1969, il était parfaitement compris par des gens de tous les âges. François Mauriac savait également bâtir une phrase. C'était aussi un homme d'une autre génération, mais ses lecteurs n'étaient pas tous des septuagénaires. Quand il était en vacances et ne publiait pas son billet hebdomadaire, la vente du *Figaro littéraire* baissait de cinquante pour cent. Ceux qui ne l'achetaient pas étaient-ils tous des vieillards? Qu'il y ait de moins en moins de gens qui soient capables de parler et d'écrire ainsi, je veux bien le croire. Mais ceux qui savent le faire sont toujours compris.

Notre traduction parut dans un numéro de *La Maison-Dieu*, avec des notes, et elle fut bien accueillie. On décida donc de continuer et d'entreprendre la traduction du reste de l'Ordinaire de la messe. On suivit la même méthode dans une série de petites sessions de deux ou trois jours. Ce travail aboutit à la publication de *L'Ordinaire de la messe*, sous mon nom et celui de Mademoiselle Mohrmann.

Certains Français se sont offusqués de ce qu'une traduction française soit publiée sous le nom d'un Belge et d'une Hollandaise. Entre nous soit dit, c'est une question de librairie. L'expérience a montré qu'un recueil anonyme ne se vend pas. Puisqu'il fallait des noms d'auteurs, il était naturel de choisir ceux des collaborateurs qui avaient contribué à enrichir le volume par des notes scientifiques. Mais un préambule annonçait bien que la traduction était un travail d'équipe. Comme les noms des membres de l'équipe étaient donnés, chacun pouvait voir qu'ils étaient en majorité de bons Français de divers coins de France. Je dois d'ailleurs dire que Mademoiselle Mohrmann, bien que Hollandaise, est fort capable de saisir les nuances du français moderne. Nous étions allés déjeuner ensemble dans un restaurant de la rue Saint-Dominique à Paris. La carte annonçait des « pommes Pont-Neuf ». Personne parmi nous ne savait ce que cela voulait dire, sauf Mademoiselle Mohrmann, qui nous expliqua que c'étaient simplement des pommes de terre frites appelées Pont-Neuf à cause de leur

forme allongée. Quant à moi, je m'abstenais toujours lorsqu'il s'agissait de choisir entre ce qui se dit au sud de la
Loire et ce qui se dit au nord.

Après l'Ordinaire de la messe, la Commission de traduction entreprit un autre travail. En 1957, la France avait
reçu le privilège d'un rituel dont une partie des prières
seraient traduites en français. Comme je l'ai dit plus haut,
ce travail avait été fait par une équipe du diocèse de Paris.
Le résultat était peu satisfaisant et la révision en fut confiée
à la Commission formée par le C.P.L.

Après le rituel, vint la traduction des péricopes bibliques
des messes dominicales. La Commission fut officiellement
instituée par l'épiscopat français. La présidence en fut
confiée à Monseigneur Ferrand, alors évêque de Saint-Jean-
de-Maurienne, actuellement archevêque de Tours. Deux
exégètes s'ajoutèrent à l'équipe : l'abbé Gelin, professeur à
la Faculté de Théologie de Lyon, et le chanoine Renard,
représentant la Bible de Lille. Mademoiselle Mohrmann,
n'ayant pas de compétence particulière en matière biblique,
ne fit plus partie de la Commission. Les problèmes étaient
tout à fait différents de ceux que posent les textes liturgiques.

On pouvait se demander s'il n'était pas possible de choisir
une traduction existante. Il aurait fallu pour cela en trouver
une supérieure à toutes les autres et qui se prêtât spécialement à la lecture à haute voix. Or les sondages que nous
avons faits nous ont montré que cette traduction n'existait
pas. La Bible de Jérusalem en particulier présentait de gros
inconvénients. Les différents livres ont été confiés à des
collaborateurs compétents, mais qui ont souvent des
méthodes diverses, en sorte que des textes parallèles paraissent dissemblables en traduction. Le directeur de l'entreprise,
le Père Chifflot, était tout à fait conscient de ce défaut et il
a essayé d'y remédier dans les éditions suivantes, mais le
travail d'unification était loin d'être achevé. Nous avons
donc décidé de revoir nous-mêmes toutes les péricopes.

Dès lors le premier problème qui se posait était celui du texte de base. Fallait-il partir du texte latin du Missel romain ou du texte original? La question n'est pas aussi simple et ne se laisse pas enfermer dans un dilemme. Car, si on opte pour le texte original, une autre question se pose : où est le texte original? Il y a quelque naïveté à croire que nos éditions manuelles du texte grec du Nouveau Testament nous donnent le texte original dans toute sa pureté et qu'il est toujours supérieur au texte de base de la Vulgate. En réalité les textes grecs sont très divers. Ce qu'on appelle le « texte reçu », c'est-à-dire celui des premières éditions imprimées, repose sur des manuscrits tardifs et il est moins bon que celui qui est supposé par la Vulgate. A la fin du XIXe siècle, il fut détrôné par une forme de texte attestée par des manuscrits plus anciens, mais qui sont encore loin des originaux. Ils représentent une recension du IVe siècle. C'est la base de nos éditions manuelles, mais les commentateurs ne sont pas toujours d'accord sur sa valeur. Depuis une trentaine d'années, la critique textuelle est en pleine évolution, pour deux raisons. La première est la découverte de manuscrits plus anciens, surtout sur papyrus, qui fournissent des données nouvelles. La seconde est l'attention plus grande qu'on accorde aux anciennes versions et aux citations patristiques. Il n'était pas question pour nous de nous livrer à des recherches scientifiques. Un lectionnaire liturgique n'est pas fait pour donner le dernier état de la critique textuelle, qui risque d'être l'avant dernier au bout de quelques années. Voici comment nous avons procédé. Nous avons pris comme base le texte grec de l'édition courante de Nestle en le confrontant avec celui de la Vulgate. Quand celle-ci supposait un texte grec différent, on vérifiait si cette variante avait un appui sérieux dans la tradition grecque. Si c'était le cas, on la gardait. Si au contraire c'était une particularité du latin, on se conformait au grec. Ce n'est pas la méthode que je suivrais si je devais faire une édition critique. Mais c'est ce qui me paraissait le plus raisonnable étant donné le but que nous poursuivions.

Quant à la méthode de traduction, nous avons visé avant tout à l'exactitude et à la fidélité. La plupart des membres de la Commission n'étant ni des hellénistes ni des exégètes de métier, j'ai demandé qu'on y invite un professeur d'Écriture sainte. Ce fut l'abbé Pierre Grelot, professeur à l'Institut Catholique de Paris, qui fut désigné. Naturellement nous avons consulté des traductions imprimées et des commentaires. Nous avons porté notre attention sur deux points. Le premier, c'est la lisibilité. Il fallait que la traduction soit lisible à haute voix. Beaucoup de péricopes ont d'ailleurs été éprouvées dans des paroisses avant d'être imprimées. Le second point, c'est l'unification du vocabulaire.

Je ne prétends pas que ce lectionnaire soit un chef-d'œuvre au-dessus de toute critique. Je tiens seulement à noter que ce ne fut pas un travail bâclé par quelques amateurs. Du point de vue critique, je crois que la présence de l'abbé Grelot et de moi-même était une garantie suffisante. Du point de vue de la langue française, il y avait, entre autres, le Père Roguet, un vieux routier de la radio, qui doit bien connaître le français du XXe siècle. Il y avait aussi un collaborateur du Missel rural, dont le nom m'échappe, curé-doyen d'Orbec en Normandie, qui avait un certain bonheur de traduction. Quand il m'assurait que telle expression serait parfaitement comprise, je ne pouvais que lui faire confiance.

Comment ce lectionnaire fut-il accueilli? Très mal par un numéro de *Témoignage chrétien*. Je ne sais pas si cela représentait l'opinion générale ou moyenne du clergé français. Je suis encore moins sûr du bon sens des responsables de ce périodique. J'y ai lu parfois des choses assez ahurissantes. Je me souviens d'un petit article qui critiquait l'image traditionnelle du repos éternel. Quelle erreur : la joie, au contraire, c'est le travail. Quand il n'y a pas de salaire, pas de pain à la maison. On voit tout ce qu'on peut tirer d'une confusion entre le repos et le chômage. Mais on ne comprend plus alors que les ouvriers ne réclament pas la semaine de cinquante heures et le retard de la retraite jusqu'à 80 ans. Si des ouvriers ont lu cela, ils ont dû se marrer de voir un curé leur parler de la joie du travail, car c'était signé par un prêtre d'avant-garde. On voit l'esprit de la maison. Les prêtres qui ont critiqué le lectionnaire étaient du même genre. Ils voulaient des traductions de choc, des adaptations modernes de ce vieil évangile tout usé. On nous renvoyait à l'exemple du Missel de l'abbé Godin. Je me souviens d'une de ces adaptations. C'était à propos de l'épître aux Galates où saint Paul déclare que l'héritier mineur ne diffère pas d'un esclave. L'abbé Godin avait transposé en disant que le fils du patron de l'usine n'avait pas plus de droit qu'un ouvrier. Je ne sais si c'est tout à fait exact; mais je suis sûr que l'abbé Godin, qui écrivait pour les Jocistes, n'aurait jamais songé à imposer cette traduction à toute la France. Il aurait d'ailleurs fallu modifier d'après les milieux et parler, dans les milieux ruraux, du fils du fermier. L'inconvénient de ces adaptations, c'est qu'elles ne conviennent pas à tout le monde et qu'elles sont vite démodées. Il fut un temps où les apôtres étaient devenus des militants. Qui oserait encore employer le mot aujourd'hui?

Il y a une difficulté qui vient de l'usure du langage. Il y a des mots et des expressions qu'on ne trouve plus que dans les traductions et qu'il faut bannir. Mais il y a aussi des mots essentiels qui font partie du vocabulaire chrétien. J'en prends deux : justice et miséricorde.

On a critiqué la traduction traditionnelle : « Heureux ceux qui souffrent persécution pour la justice », sous prétexte que le mot justice évoque aujourd'hui le gendarme et le tribunal. On a donc proposé de remplacer la justice par la « bonne cause ». Cela ne me paraît pas très sérieux. Les mots n'ont de sens précis que dans un contexte. Qui s'imaginera qu'on peut être persécuté pour la gendarmerie? D'autre part, il y a une notion biblique de la justice, et je défie n'importe qui de traduire la Bible sans employer ce mot. C'est une occasion d'expliquer ce que signifie justice et juste dans la Bible. Mais « la bonne cause » ne signifie rien.

Quant à la miséricorde, elle n'a pas non plus la faveur de certains traducteurs. Il y a quelques années, un prêtre me déclarait qu'on ne parlait plus de miséricorde dans la prédication, mais de l'amour. Je m'aperçois en effet que les traductions des oraisons de la messe en français font une consommation d'amour qui me paraît anormale. Pourtant la miséricorde ne se confond pas avec l'amour. C'est le sentiment qu'on éprouve pour un malheureux, c'est bien le sens de *eleos* en grec. Il est impossible de traduire la Bible sans employer ce mot et les mots apparentés. Je ne puis pas traduire « Beati misericordes » par « Bienheureux les amoureux ». Et il ne faut rien connaître des écrits de saint Paul pour se figurer qu'on pourra traduire son message sans parler de la miséricorde de Dieu.

Ce n'est pas par des adaptations et des fantaisies qu'on résoudra le problème des traductions bibliques. On ne peut pas faire des traductions tellement claires qu'elles soient comprises à la perfection à la première lecture, sans aucune explication. Seuls ceux qui n'ont aucune culture biblique peuvent avoir cette illusion. Pour être comprise, l'Écriture doit être lue, relue, méditée, expliquée. C'est ce qu'on a fait dans l'antiquité. Mais on a toujours commencé par vouloir des traductions fidèles, par respect pour la parole de Dieu.

9

Élargissement du mouvement

ÉLARGISSEMENT DU MOUVEMENT

Je me suis étendu assez longuement sur l'activité du Centre de Pastorale Liturgique de Paris. Mais cela n'est qu'un point de détail dans l'histoire du mouvement liturgique après la seconde guerre mondiale. Pour comprendre son développement rapide, il faut élargir l'horizon. Tout d'abord, il faut remarquer qu'il a bénéficié d'autres mouvements de retour aux sources. J'ai déjà fait allusion à la collection des *Sources chrétiennes*. Le but de cette entreprise était de rendre accessible à un assez large public chrétien des œuvres qui lui étaient pratiquement inconnues. Seuls des spécialistes pouvaient recourir à des éditions scientifiques et, de plus, la barrière du grec et du latin réduisait le nombre des lecteurs. Or, parmi les éditions prévues par le programme, figuraient des textes d'importance capitale pour la liturgie. C'est ainsi que je fus engagé, comme je l'ai dit, pour éditer la *Tradition apostolique* de saint Hippolyte. On me demanda ensuite une traduction du *De sacramentis* et du *De mysteriis* de saint Ambroise. Je proposai tout d'abord à un confrère plus jeune de se charger de cette traduction. Il accepta, mais se découragea assez vite, et je le comprends. Le texte établi au XVIIIᵉ siècle par les bénédictins de Saint-Maur est franche-

ment mauvais. D'autre part une édition critique était en
préparation, mais la date de parution restait incertaine. Je
me décidai à faire une édition améliorée en recourant à un
groupe de manuscrits qui n'avaient pas été connus des
Mauristes. Ce n'est que dans la seconde édition que j'ai pu
adopter le texte critique du Père Faller, avec quelques corrections. D'autres volumes parurent ensuite dans la collection, qui avaient un rapport avec la liturgie, comme le
De baptismo de Tertullien, édité par le Père Refoulé, et les
Catéchèses baptismales de saint Jean Chrysostome, par le
Père Wenger.

Parallèlement à ce retour aux Pères de l'Église, on voit
apparaître un mouvement de retour à l'Écriture sainte. Sans
doute le renouveau des études bibliques remonte-t-il beaucoup plus haut. A la fin du XIXᵉ siècle, Léon XIII désirait
favoriser l'étude de la Bible. Malheureusement la crise
moderniste et la réaction anti-moderniste bloquèrent tout
pour un bon nombre d'années. L'organisme créé pour diriger les études de l'Écriture — la Commission biblique —
ressemblait à une voiture munie de freins puissants, mais
dépourvue de moteur. Une série de décrets fixèrent des
limites qu'on ne pouvait dépasser, de telle sorte qu'on
aboutissait toujours à des sens interdits et qu'on avait
l'impression de tourner en rond. L'École biblique de Jérusalem fut longtemps tenue en suspicion et son fondateur,
le Père Lagrange, ne put jamais publier certains commentaires qui auraient provoqué les foudres de l'Index. Quant
à l'Institut biblique de Rome, on ne s'étonnera pas qu'il
ait évité les sujets brûlants. Le chef-d'œuvre de son directeur,
le Père Fonck, est une étude sur la flore biblique. En termi-
nant une recension de cet ouvrage dans la *Revue bénédictine*,
dom De Bruyne écrivait froidement : « Il ne reste plus qu'à
étudier la faune biblique ! »

Il y eut une timide ouverture vers la critique biblique dans
l'encyclique *Spiritus paraclitus* de Benoît XV en 1920; mais

il fallut attendre jusqu'en 1943 pour qu'on puisse parler d'une libération par l'encyclique *Divino afflante* de Pie XII. On comprend dès lors que le peuple chrétien ne fut pas atteint par le renouveau biblique avant la seconde guerre mondiale. La Bible restait pour lui un livre fermé. Or, quelques années plus tard, nous constatons un changement radical. Nous voyons paraître, à peu près simultanément, trois nouvelles versions françaises de la Bible : celle de Jérusalem, celle de Lille et celle de Maredsous. Les éditeurs ne sont pas fous, et quand ils font des offres, c'est qu'il y a de la demande. Un bénédictin de Maredsous, dom Célestin Charlier, écrivit un livre qui eut un succès mérité, *La lecture chrétienne de la Bible*, et il fonda la revue *Bible et vie chrétienne* qui s'adressait à un public très large. Elle visait tout spécialement à aider les cercles bibliques qui se formaient un peu partout. Dom Charlier est un des derniers élèves que j'ai eus en tant que professeur d'Écriture sainte. Je l'avais orienté vers l'étude des anciennes versions latines de la Bible. Il avait entrepris une nouvelle édition des commentaires de Pélage sur les épîtres de saint Paul. Il y a travaillé pendant de longues années. Malheureusement une santé toujours précaire a arrêté l'achèvement de cette entreprise scientifique.

Ce retour à la Bible dans le peuple chrétien a été un appoint considérable pour le mouvement liturgique. Car la liturgie chrétienne a toujours été imprégnée de l'Écriture sainte. Elle lui a emprunté son langage et elle s'est nourrie de sa substance. L'écran qui séparait le peuple de la liturgie, ce n'était pas seulement celui du latin, mais aussi celui de l'ignorance des Écritures. Un renouveau liturgique me paraît inséparable d'un retour à une catéchèse et à une prédication basées sur la Bible.

Du renouveau biblique on peut rapprocher sur un autre plan l'intérêt plus grand pour le judaïsme. Le christianisme a été à l'origine une secte juive et on ne peut le comprendre sans connaître le milieu où il est né. Ce qui est vrai en général l'est aussi dans le domaine de la prière. La liturgie chrétienne a ses racines dans le même terrain que la liturgie juive, et il importe de savoir ce qu'était celle-ci au temps des apôtres. Mais les sources du judaïsme rabbinique ne sont pas accessibles à tout le monde. Pour les étudier d'une manière critique, il faut une formation technique très spéciale. Des amateurs ne peuvent que s'y fourvoyer et induire les autres en erreur.

Lors de mes séjours à Paris, j'ai eu un pied-à-terre chez les Pères de Sion, 68 rue Notre-Dame-des-Champs, où je me suis lié d'amitié avec le groupe des chercheurs des *Cahiers sioniens*. Je me suis intéressé à leurs travaux et j'ai collaboré aux *Cahiers sioniens* par des articles et des recensions; mais, d'autre part, j'ai essayé d'orienter les travaux de l'équipe vers l'histoire de la liturgie juive. C'est ainsi que Mademoiselle Renée Bloch avait entrepris une étude sur les systèmes de lectures bibliques de la liturgie synagogale. Malheureusement elle périt dans un accident d'avion. Ce fut une lourde perte, non seulement du point de vue scientifique, mais au point de vue moral. Car je suis persuadé que, si elle était restée en vie, elle aurait empêché la dislocation de l'équipe. Un peu plus tard, un autre membre quitta Paris, pour des raisons personnelles, et s'établit en Angleterre. C'est le Professeur Vermès d'Oxford. Mais la catastrophe fut le départ du chef de l'équipe, le Père Paul Démann. Je lui garde toute mon amitié; mais je ne puis penser sans tristesse au travail qu'il aurait pu faire s'il était resté à son poste. De l'équipe primitive, il reste aujourd'hui l'abbé Kurt Hruby, professeur à l'Institut Catholique de Paris. C'est un des meilleurs spécialistes de la liturgie juive. Il fait régulièrement des cours à l'Institut Supérieur de Liturgie de Paris et il participe souvent aux Semaines d'étude de Saint-Serge dont je parlerai plus loin. J'espère qu'il pourra former un groupe de collaborateurs compétents.

Le mouvement liturgique, à la fin de la seconde guerre mondiale, fut donc appuyé par d'autres mouvements de retour aux sources. Cependant le fait capital de cette époque fut l'intervention de Pie XII par l'encyclique *Mediator Dei* en 1948. Jusque là, le mouvement liturgique n'avait guère reçu d'encouragement de Rome. La réforme liturgique inaugurée par Pie X semblait s'être arrêtée et la Congrégation des Rites restait figée dans un rubricisme rigide. Or voilà que le Pape proclamait la valeur spirituelle et pastorale de la liturgie, et son encyclique apparaissait comme une charte donnée au mouvement liturgique. Certains théologiens se sont demandé si l'encyclique ne contenait pas une condamnation des théories de dom Casel. Ce n'était certainement pas le but principal de l'encyclique, dont l'essentiel était nettement positif. Tout au plus pourrait-on y voir une mise en garde contre certaines interprétations de ces théories. Du reste, le mouvement liturgique dans son ensemble ne se rattachait pas à la théologie de dom Casel.

L'encyclique fut accueillie comme un encouragement pour le mouvement liturgique et on entrevit la possibilité de la reprise de la réforme inaugurée par Pie X. Comme je l'ai dit plus haut, le mouvement liturgique, à ses débuts, ne fut pas réformiste. On prenait la liturgie telle qu'elle était et on essayait d'en tirer le meilleur parti possible. Cela n'empêchait pas d'en voir les défauts et les lacunes ; mais on savait qu'une réforme ne pouvait venir que de Rome et que des initiatives intempestives provoqueraient des réactions hostiles. Les responsables du mouvement liturgique se montrèrent prudents. Ils se contentèrent d'exprimer des critiques et des vœux théoriques, sans se livrer à des expériences pratiques de réforme. La situation nouvelle créée par *Mediator Dei* ouvrait des perspectives plus optimistes. La bienveillance du pape était assurée. Mais le pape n'est pas seul à Rome et il ne fait pas toujours ce qu'il veut. Une réforme liturgique n'était pas possible sans la Congrégation des Rites. Or on sait que c'est une lourde machine qu'on ne met pas en mouvement sans effort. Attendre qu'elle se mette en mouvement toute seule, c'était retarder la réforme à une date lointaine. Prendre des initiatives sans l'accord de la Congrégation, c'était provoquer un phénomène de freinage. On choisit alors une solution moyenne : préparer en privé des projets de réforme et les faire présenter à Rome par l'épiscopat de divers pays. Mais pour cela il ne fallait pas travailler en ordre dispersé. Il importait au contraire de concentrer les efforts des divers groupes de travail. De là l'origine des réunions internationales.

D'où est venue cette idée? Du rapprochement entre le Centre de Pastorale Liturgique de Paris et l'Institut Liturgique de Trèves. En dépit de son titre ce dernier n'était pas un institut d'enseignement, mais un organe d'étude et d'organisation du mouvement liturgique semblable au C.P.L. de Paris. L'initiative vint des Allemands. Monseigneur Wagner, directeur de l'Institut de Trèves, vint participer aux réunions du C.P.L. avec le Professeur Balthazar Fischer, de la Faculté de Théologie de Trèves. C'était d'autant plus méritoire que Monseigneur Wagner n'avait, au début, qu'une connaissance très imparfaite du français. L'abbé Fischer, au contraire, le parlait couramment sans aucun accent. Ces premiers contacts furent le début d'une collaboration qui se prolongea jusqu'après le concile de Vatican II.

La première réunion internationale se tint en 1951 à Maria Laach. Elle était strictement privée, c'est-à-dire qu'elle ne comprenait aucun représentant de la hiérarchie et que les membres étaient recrutés par invitation. C'était un groupe de travail constitué par des techniciens.

Le métier d'« expert » des réunions internationales a des avantages, notamment celui de faire connaître de nouveaux lieux et de nouvelles figures. Le lieu, en l'occurrence, était bien choisi. Maria Laach, avec son lac couronné de collines boisées et sa vieille église romane, est un site merveilleux.

Quant aux figures nouvelles, c'étaient avant tout celles des moines qui nous accueillaient cordialement. J'ai gardé des liens d'amitié avec deux d'entre eux : dom Odilon Heiming et dom Burchard Neunheuser. Ce dernier faisait office d'interprète allemand-français. Il est aujourd'hui président de l'Institut Liturgique de Saint-Anselme à Rome. Parmi les invités, le plus en vue était le Père Jungmann. Il me confia que, lorsqu'il était entré dans la Compagnie de Jésus, son entourage en fut profondément étonné, car on s'attendait à le voir entrer chez les bénédictins de Beuron. Il était, avec dom Capelle, un des hommes les plus compétents en la matière traitée : la messe romaine.

On fit l'expérience des difficultés d'une réforme. Il est difficile de satisfaire tout le monde et de trouver des critères objectifs. Si l'on put se mettre d'accord sur certains points, on achoppa sur deux problèmes qui seront encore discutés après Vatican II.

Le plus important était celui du canon de la messe romaine. L'ordinaire de la messe, tel qu'il était alors, s'est formé au cours du moyen âge, entre le IXe et le XIIIe siècle, au moyen de prières privées du célébrant autour d'un noyau beaucoup plus ancien. Ce noyau, c'est le canon, tel qu'il s'était fixé à la fin du VIe siècle, au temps de saint Grégoire. Ce n'est pas un texte inspiré, bien sûr ; mais il a toujours été traité avec un respect particulier. Les théologiens du moyen âge n'ont pas essayé de le mettre d'accord avec leurs spéculations. Ils le considéraient comme un donné traditionnel et ils le commentaient comme un texte sacré. On peut juger ce respect exagéré ; mais que serait-il arrivé si les théologiens avaient pris le texte de la messe comme champ clos pour leurs querelles ? Peut-on imaginer qu'un texte, qui a été pendant treize siècles au centre de la piété chrétienne en Occident et qui a passé intact au milieu des controverses théologiques, succombe finalement sous une réforme liturgique ? Il ne s'agissait pas de détails, comme les listes de saints, mais d'une réforme de structure. Il aurait fallu que toutes les critiques fussent fondées et que les corrections proposées eussent pour elles l'évidence. Or on était loin de compte. Les corrections proposées étaient arbitraires et elles défiguraient le texte sans remédier à ses défauts réels.

Le second problème, moins important, était celui d'un acte pénitentiel au début de la messe. La messe solennelle commençait par le chant de l'introït, tandis que le célébrant et ses ministres récitaient le Confiteor au pied de l'autel. Ce rite n'intéressait donc pas les fidèles. Mais l'usage de la messe dialoguée avait habitué les fidèles à participer à cette confession des péchés et des pasteurs expérimentés déclaraient que le peuple était attaché à cette pratique. Il convenait donc de prévoir un acte pénitentiel de toute la communauté même à la messe solennelle. Quand on invoque l'expérience pastorale, je me fais tout petit, car j'ai conscience de n'en avoir aucune. Je ne suis pas sûr que ceux qui en parlent en aient toujours beaucoup plus que moi, mais je me garde bien d'en rien dire. Je n'avais d'ailleurs aucune prévention contre l'introduction d'un rite pénitentiel. La seule difficulté était qu'on ne savait exactement ni la place ni la forme qu'on pouvait lui donner. Le problème ne sera résolu qu'après Vatican II.

La discussion sur la réforme de la messe continua l'année suivante, en 1952. La réunion avait été organisée par la Commission liturgique de Strasbourg, qui avait choisi le Mont-Sainte-Odile, le sanctuaire national de l'Alsace. C'est une haute colline isolée sur laquelle on a édifié une basilique avec des bâtiments destinés à l'accueil des pèlerins et des retraitants. Mais comme l'endroit est peu accessible, on nous avait donné rendez-vous dans un hôtel de Strasbourg où on devait venir nous chercher en voiture. C'est là que j'ai fait la connaissance de Monseigneur Andrieu. Sachant que dom Capelle était parmi les invités, il était venu le saluer. Nous avons eu le temps de causer pendant une heure, mais quand les voitures sont venues nous chercher, Monseigneur Andrieu est resté à Strasbourg. C'était le meilleur historien de la liturgie romaine. Ses éditions des *Ordines Romani* et des pontificaux font l'admiration de tous les chercheurs. Nous aurions aimé qu'il nous accompagne; mais on se heurta à une position qu'il avait prise : on ne pouvait pas réformer la liturgie, c'était un donné traditionnel qu'il fallait accepter. Il était allergique à l'idée qu'on puisse la modifier dans un but pastoral. La réunion du Mont-Sainte-Odile fut, comme celle de Maria Laach, strictement privée. J'ai vu un liturgiste qui s'était invité lui-même proprement éjecté par les organisateurs. On continua à discuter de la réforme de la messe. Cette fois, l'interprète allemand-français était l'abbé Rauch, un solide et jovial curé alsacien.

En 1953, la réunion se tint à Lugano et elle prit une allure nouvelle. J'ai compris alors pourquoi les diplomates aimaient tenir leurs conférences dans la région des lacs italo-suisses, et aussi pourquoi ils travaillaient si mal. Quand on se trouve à Lugano par beau temps, on n'a d'autre envie que de se promener sur les rives du lac ou de voguer sur ses eaux en regardant le paysage. Mais les liturgistes sont des gens plus sérieux que les diplomates. J'en ai fait l'expérience un soir après le dîner. On devait discuter de la réédition d'anciens textes liturgiques. Je proposai tout simplement de sortir, de louer une barque, et de discuter la question sur le lac. Il y eut un certain flottement, mais finalement je dus me résigner à passer cette soirée entre quatre murs.

La réunion de Lugano n'était plus privée ou, plus exactement, la réunion des techniciens était jumelée avec un congrès accessible au public. Il y avait un certain nombre d'évêques et même un cardinal, le cardinal Ottaviani. Pourquoi celui-ci était-il venu? Je crois que c'était une histoire de famille. L'organisateur du congrès était l'abbé Agustoni, professeur au séminaire de Lugano. Or son frère était secrétaire particulier du cardinal. C'est lui sans doute qui servit d'intermédiaire pour amener le prélat au congrès. Parmi les évêques, il y avait l'évêque de Gand, Monseigneur Calewaert. Comme nous avions été condisciples à l'Université de Louvain, il m'avoua qu'il n'était pas intéressé particulièrement par le mouvement liturgique, mais que le cardinal Van Roey avait souhaité qu'un évêque belge fût présent, et il s'était dévoué. Il était en tout cas hostile à l'emploi de la langue vivante, dont on parlait de plus en plus.

Dans les séances publiques, on discuta surtout de la semaine sainte. On avait déjà obtenu la réforme de la nuit pascale et le rédacteur du rituel provisoire, le Père Antonelli, était présent. Mais on avait fait certaines critiques et, de toute manière, il fallait compléter la réforme du Triduum sacrum.

Parallèlement à ces réunions publiques, il y avait aussi une réunion privée d'experts où on aborda le problème du baptême des adultes. Le rapport fut proposé par le Père Brinkhof, franciscain hollandais. Comme il manifestait une certaine réserve à l'égard des exorcismes, un petit homme discret et effacé déclara timidement que, à son avis, les exorcismes étaient indispensables pour les pays de mission. C'était le Père Hofinger, ancien missionnaire en Chine et missiologue distingué. Cette intervention fut pour moi un trait de lumière et je posai tout haut la question qui m'était venue à l'esprit : « Travaillons-nous pour l'Europe ou pour l'Église universelle? » La question dépassait le problème du baptême des adultes. Il y avait un certain danger à penser une réforme liturgique en ne tenant compte que de l'Europe, surtout quand on mettait en avant l'expérience pastorale. C'était la première fois qu'un missionnaire prenait part à nos travaux. Je ne sais pas quelles conclusions les autres ont tirées de son intervention. Pour moi il devint évident qu'une réforme liturgique ne pouvait se faire sans une plus large participation du monde missionnaire.

En 1954, on reprit la tradition de la réunion technique

strictement privée. Elle se tint au Mont César. C'est moi qui fus chargé de l'organisation. On devait y traiter de deux sujets : les lectures de la messe et la concélébration. Il se produisit un fait insolite. A la veille de la réunion, arriva à l'Abbaye une lettre de la Secrétairerie d'État, à l'adresse d'un cardinal allemand qui n'était pas attendu. On téléphona à la nonciature de Bruxelles pour savoir s'il fallait expédier le pli au destinataire ou bien s'il était destiné en fait à la réunion internationale. La réponse arriva deux jours plus tard : la lettre était bien destinée à la réunion et il fallait en prendre connaissance. J'ouvris donc la lettre et j'en communiquai le texte à l'assemblée. En fait, c'était une mise en garde au sujet de la concélébration. On nous rappelait que nous n'avions aucune compétence pour prendre une décision en la matière et que notre rôle était uniquement d'information. Je n'ai jamais eu d'explication de cet incident. Voici celle qui m'a été suggérée par un Romain, familier des mœurs de la Curie. La lettre en question a été provoquée par une dénonciation venue de Belgique, probablement d'un évêque mécontent qui avait été mis au courant du projet de réunion, d'une manière d'ailleurs erronée (d'où la confusion avec un cardinal allemand qui n'avait pas accepté l'invitation). Je sais en effet que dom Capelle en avait parlé à un évêque belge qui avait refusé l'invitation. J'ai des raisons de croire que dom Capelle, mauvais diplomate, lui avait laissé l'impression qu'on voulait le compromettre dans une cause douteuse, et il avait pris les devants pour se désolidariser de l'entreprise. Je précise qu'il ne s'agit pas du cardinal Van Roey, mais je ne puis en dire plus.

Voici comment le problème de la concélébration se posait à l'époque. Dans les réunions ou les congrès auxquels prenaient part de nombreux prêtres, l'usage s'introduisait de remplacer les interminables séries de messes privées par une messe unique à laquelle les prêtres assistaient en aube et étole. Les Allemands estimaient que c'était une véritable concélébration et qu'il n'était pas nécessaire que tous prononcent une formule sacramentelle. Je crois qu'historiquement ils avaient raison. Mais il était non moins évident que Rome n'accepterait jamais cette solution et que, si l'on voulait obtenir l'approbation de la concélébration, il fallait jeter du lest et accepter un minimum de formule sacramentelle. C'était la position des Français. Mais il fut impossible d'obtenir l'accord des Allemands. Il y eut une discussion qui dura presque toute une nuit, sans résultat. Il fut donc impossible d'élaborer un projet qui eût quelque chance d'être approuvé par Rome. Si les Allemands avaient cédé, on aurait probablement obtenu la restauration de la concélébration dix ans plus tôt.

En 1955, il n'y eut pas de réunion internationale, à ma connaissance. Il fallut attendre 1956 pour une nouvelle réunion qu'on intitula « Premier congrès international de pastorale liturgique ». Elle se tint à Assise. Là, comme à Lugano, il y eut jumelage entre une réunion de techniciens et un congrès ouvert au public; mais la réunion technique se tint avant le congrès. J'assistai à cette réunion et j'y fis une communication sur le bréviaire. Malheureusement l'atmosphère était changée. On avait introduit des autorités, notamment le Père Bea, qui était le confesseur du Pape. Je profitai de l'occasion pour critiquer énergiquement l'introduction de nouvelles fêtes mariales et des lectures d'encycliques pontificales dans l'office. J'étais sûr d'exprimer tout haut ce que tout le monde pensait. Mais personne n'osa me suivre et on me laissa littéralement tomber. La présence du Père Bea avait lié toutes les langues. J'étais furieux et je jurai qu'on ne m'y reprendrait plus. Je n'assistai pas au congrès. Mon neveu était venu me rejoindre en voiture et nous sommes partis faire un tour d'Italie. J'ai su plus tard que le congrès s'était terminé à Rome par un discours de Pie XII qui condamnait la concélébration silencieuse. Je n'ai plus assisté à d'autres réunions internationales. Je fus invité à celle qui se tint au Montserrat, mais je refusai. On avait de nouveau fait venir de nombreuses personnalités et je ne voulais pas renouveler l'expérience d'Assise. Je savais d'avance que, si je disais ce que je pensais, personne ne me soutiendrait. D'ailleurs, depuis 1954, je me suis attaché à un autre problème, celui de l'enseignement de la liturgie, qui était beaucoup plus urgent.

10

L'enseignement de la liturgie

Il était légitime, dans les années 1950 et suivantes, d'espérer une réforme liturgique et d'y travailler discrètement. Mais il était aussi évident que cette réforme serait lente et qu'en tout cas, ce n'était pas un alibi pour laisser dormir les autres problèmes qui se posaient. Parmi ceux-ci, le plus urgent était celui de l'enseignement. Au début du mouvement liturgique, une des difficultés avait été le manque de préparation des prêtres. Au début du siècle, le cours de liturgie dans les séminaires était purement et simplement un cours de rubriques. Qu'en était-il un demi-siècle plus tard? Le seul moyen de s'en rendre compte et de voir si les jeunes prêtres étaient mieux formés que leurs aînés était de faire une enquête. Le Centre de Pastorale Liturgique composa un questionnaire qu'il envoya dans les séminaires de langue française. On reçut une cinquantaine de réponses. Les situations étaient différentes de diocèse à diocèse. Dans certains séminaires on avait fait des efforts louables, mais dans d'autres la situation n'avait guère changé. Cependant il y avait deux points sur lesquels presque tous s'accordaient. Le premier était le peu de place que les programmes faisaient à la liturgie. Le second était le manque de préparation des professeurs. La plupart se plaignaient d'avoir été nommés professeurs de liturgie à l'improviste, sans avoir eu le temps et l'occasion d'acquérir une certaine compétence. Il était d'ailleurs difficile de se spécialiser en liturgie, puisqu'il n'y avait aucun institut prévu pour son étude. Le seul moyen était de préparer une thèse de théologie sur un sujet liturgique. Mais la plupart des Facultés de théologie ne possédaient pas de chaire de liturgie et, par conséquent, pas de professeurs spécialisés. D'ailleurs les supérieurs ne semblaient pas songer à préparer spécialement des professeurs de liturgie. C'était une matière que tout le monde pouvait enseigner. La statistique permettait de constater que la préférence était donnée aux économes. On ne peut que faire des conjectures sur les raisons de cette préférence, mais les faits sont là.

On ne se trouvait pourtant pas en présence, dans l'ensemble, d'un personnel âgé destiné à être remplacé prochainement. Il y avait des jeunes et des hommes dans toute la force de l'âge, qui avaient encore toute une carrière devant eux. Que pouvait-on faire pour eux?

La Compagnie de Saint-Sulpice était particulièrement intéressée, car elle fournit les professeurs de nombreux séminaires. Un accord fut conclu entre le Comité des études de Saint-Sulpice, le Centre de Pastorale Liturgique et l'abbaye du Mont César pour organiser des cours de vacances à Louvain. Pourquoi avoir choisi cette ville plutôt que Paris, qui est plus accessible, surtout pour des Français? Parce que Louvain présentait des possibilités de travail qu'on ne pouvait trouver à Paris. Le Séminaire d'Issy pouvait offrir un logement pour les participants, mais il ne possédait pas de bibliothèque liturgique spécialisée qui aurait permis de travailler entre les leçons, et il était matériellement impossible d'aller consulter les diverses bibliothèques de Paris. Or il importait que les professeurs de liturgie eussent sous la main la documentation qui manquait dans leurs séminaires. Au contraire, le Mont César avait l'avantage de posséder une bibliothèque liturgique bien fournie. On pouvait exposer sur les tables du scriptorium toute la documentation utile pour les sujets traités et les participants pouvaient venir y travailler. Je me souviens d'un vieux professeur, qui avait une vingtaine d'années d'enseignement, ouvrant l'édition du Sacramentaire grégorien de Lietzmann en disant : « Ah! c'est ça un sacramentaire! » Cette petite scène en dit long sur la situation de ces professeurs qui n'avaient jamais eu sous la main les instruments de travail indispensables.

Ces Semaines d'étude commencèrent en juillet 1953. Le programme prévoyait 16 heures de cours répartis sur six jours. C'était l'équivalent de ce qui était prévu pour les Facultés de théologie : un semestre à raison d'une heure par semaine. Les cours étaient partagés entre les différents professeurs. Deux d'entre eux disposaient de quatre leçons, de manière à traiter à fond d'une question spéciale. Les huit heures qui restaient étaient confiées à quatre autres professeurs. Quand on parcourt la liste des programmes, on voit que la plupart des cours ont été faits par une même équipe : dom Capelle, le chanoine Chavasse, le chanoine Martimort, le Père Gy, l'abbé Jounel et moi-même. On devait parcourir l'ensemble de la matière en quatre ans : messe, rituel, pontifical, bréviaire et année liturgique. On n'avait pas l'intention d'épuiser les sujets traités. Le but n'était pas de fournir des cours modèles que les professeurs pouvaient répéter devant leurs élèves. C'étaient des cours de perfectionnement qui devaient initier les assistants à l'étude des sources et aux méthodes de travail. Les cours pouvaient être complétés par des carrefours organisés sur certains sujets à la demande des participants. Je ne crois pas froisser les autres collaborateurs en disant que les cours les plus appréciés étaient ceux du chanoine Chavasse. Il était aussi le plus dévoué pour répondre aux questions. Je me souviens d'avoir été parfois obligé de venir le délivrer de carrefours interminables, dont il sortait épuisé. Je crois que ceux qui ont suivi ces Semaines d'étude pendant plusieurs années et qui ont continué à travailler entretemps ont pu acquérir une réelle compétence.

Personnellement, j'ai gardé le meilleur souvenir de ces Semaines. C'est avec joie que, chaque année, j'accueillais les nouveaux venus et les anciens qui revenaient. J'étais frappé par l'authenticité de leur désir de bien remplir leur mission : préparer de nouveaux prêtres pour le service du Christ et de son Église. Ce qui les amenait, ce n'était pas la curiosité intellectuelle, mais le souci de comprendre le sens du mystère chrétien tel qu'il s'exprime dans la liturgie. Car celle-ci est l'expression de la foi dans la prière. J'espère que ceux qui sont venus — la liste générale comprend quelque 250 noms — ont gardé un bon souvenir des jours qu'ils ont passés à l'Abbaye dans une cordiale fraternité sacerdotale.

Deux de ces Semaines coïncidèrent avec la célébration d'anniversaires. En 1953, dom Lambert Beauduin atteignait ses 80 ans. J'avais appris qu'un dominicain français, le Père Pie Duployé, qui avait fait partie du C.P.L., se proposait de publier d'anciens articles de dom Beauduin dans une collection qui aurait pour titre *Ossa humiliata*. Ce titre se justifiait par le fait que les auteurs publiés dans cette collection avaient eu, à un moment donné, des difficultés avec le Saint-Siège. L'idée de publier des articles de dom Beauduin à l'occasion de ses 80 ans me paraissait excellente, mais le faire dans une collection au titre accrocheur, qui rappelait des heures pénibles, me semblait inopportun. De plus, si un hommage devait être rendu à dom Beauduin, il était singulier qu'il le fût par un étranger et non par ses confrères. D'accord avec le Père Prieur de Chevetogne, j'écrivis amicalement au Père Duployé en lui demandant de s'associer avec nous pour offrir au jubilaire un volume de Mélanges. Je reçus un refus sec et hautain qui coupait court à toute discussion. Je fis donc savoir au Père Duployé que Chevetogne et le Mont César se chargeraient de la rédaction des Mélanges. Je crois que la collection *Ossa humiliata* n'a jamais vu le jour.

Je préparai moi-même le recueil et il était imprimé en juillet 1953. Dom Beauduin arriva de Chevetogne pour une séance de l'après-midi. Son entrée fut chaleureusement applaudie. Je l'invitai à monter à la table du conférencier et il adressa une courte allocution à l'assemblée. Je lui remis alors un exemplaire des Mélanges avec une dédicace latine que je lus tout haut. La séance s'acheva par une leçon du chanoine Chavasse. Il y eut à la fin un incident comique dû à la distraction de dom Capelle. Pendant la leçon du chanoine Chavasse, dom Lambert était assis devant la première table à côté de dom Capelle et il avait déposé sur la table le volume qui lui avait été offert. Or au moment de sortir dom Capelle prit le volume sous le bras et se dirigea vers la sortie. Il fallut le retenir et lui expliquer qu'il recevrait aussi un exemplaire mais que celui-là était destiné à dom Lambert.

En 1959, c'était le cinquantième anniversaire du mouvement liturgique. Le cardinal Van Roey avait accepté de présider une séance académique durant la session de juillet. La santé de dom Beauduin était de plus en plus précaire. Il me sembla que c'était la dernière occasion d'obtenir pour lui un mot de remerciement et d'encouragement du Pape pour son dévouement à l'Eglise. Je demandai au cardinal Van Roey de faire les démarches nécessaires. Il en chargea son procureur à Rome, Monseigneur Joliet. Celui-ci se présenta à la Secrétairerie d'État et fut reçu par Monseigneur Veuillot, alors préposé aux lettres françaises, qui lui demanda un document écrit. Monseigneur Joliet écrivit à Malines pour réclamer une lettre, mais le cardinal Van Roey se fâcha. Son secrétaire, Monseigneur Leclef, m'envoya une lettre me disant que le Cardinal avait répondu : « Ils doivent savoir à Rome que Monseigneur Joliet est mon procureur; je n'écrirai pas de lettre.» Le Cardinal avait probablement raison, mais cela ne faisait pas notre affaire. Fallait-il, pour une stupide question de protocole, qu'on refusât au vieil homme mourant qu'était dom Lambert cette ultime consolation? Je savais que je n'avais aucune chance de faire changer l'attitude du Cardinal. J'envoyai alors la lettre de son Secrétaire à dom Benoît Becker, procureur de la Congrégation bénédictine belge à Rome. Il se rendit à la Secrétairerie d'État et persuada Monseigneur Veuillot d'accepter la lettre de Monseigneur Leclef comme le document écrit qui lui manquait. La lettre de Jean XXIII arriva à temps.

Malheureusement l'état de dom Beauduin avait empiré et il n'était plus question de le faire venir à Louvain. Dom Rousseau avait réussi à enregistrer un bref message oral de dom Lambert, qui fut diffusé durant la séance académique. Je donnai lecture de la lettre de Jean XXIII, je rappelai les origines du mouvement liturgique et je rendis hommage à deux vétérans qui étaient présents. L'un était dom Franco de Wyels, de l'abbaye d'Affligem. Il était un des tout premiers collaborateurs de dom Beauduin pour la partie flamande du pays. Après la guerre de 1914, il avait suivi un moment dom Lambert dans son entreprise œcuménique, puis il était rentré dans son abbaye où il avait été élu abbé. Le monastère d'Affligem était devenu le centre du mouvement liturgique néerlandais. Le second vétéran était dom Gaspard Lefebvre. Son nom était si connu et depuis si longtemps en France qu'il était devenu une sorte de marque de missel et non plus un nom d'auteur : on achetait un dom Lefebvre. Mais il était là, bien vivant, bien qu'il eût passé les 80 ans.

Le mercredi des Semaines d'étude, on donnait congé après midi et on organisait généralement une excursion pour ceux qui le désiraient. Cette année-là, je parvins à réquisitionner assez de voitures pour expédier tout le monde à Chevetogne. Tous purent ainsi saluer une dernière fois celui qui avait été l'initiateur du mouvement liturgique.

Les Semaines d'étude continuèrent jusqu'en 1967. Elles se tinrent toutes au Mont César, à l'exception de 1963. Mais les dernières années, j'avais cédé la direction à un confrère plus jeune, dom François Vandenbroucke, qui était devenu directeur des *Questions liturgiques et paroissiales*.

En 1963, le Comité des études de Saint-Sulpice demanda que la Semaine d'étude se tînt à Issy-les-Moulineaux et abordât les problèmes pédagogiques. On m'invita d'ailleurs à y faire une communication. Je ne crois pas qu'elle ait jamais été publiée, bien que j'en aie laissé le texte entre les mains des rédacteurs du *Bulletin de Saint-Sulpice*. J'avais un peu élargi le sujet et signalé deux défauts qui guettaient l'enseignement des séminaires. Le premier était le manque de cohésion du corps enseignant. On avait formé des spécialistes de différentes branches et chacun faisait de son mieux dans son domaine, mais sans s'inquiéter de ce que faisaient les autres, et les élèves, tiraillés entre les différentes tendances, n'arrivaient pas à se faire une synthèse. Le second défaut était le caractère trop passif de l'enseignement. Écouter le professeur et répondre correctement à l'examen, c'est bien, mais ce n'est pas suffisant. Il faut que le prêtre puisse continuer à se former. Or beaucoup en sont incapables, parce qu'on ne leur a pas appris à travailler par eux-mêmes. Le remède, c'est que les professeurs fassent équipe et qu'ils s'entendent pour faire travailler les élèves, chacun suivant sa capacité. Je sais que c'est possible, parce que j'en ai fait l'expérience. Sans doute un séminaire n'est pas une université. Mais on est étonné de ce qu'on peut obtenir d'un élève moyen quand on l'aide et qu'on l'encourage. On ne demande pas de travaux originaux qui méritent l'impression, mais par exemple l'exposé d'un problème, le résumé d'un livre, la critique d'un article; peu importe, pourvu que cela exige de l'élève un effort personnel. Malheureusement j'ai bien dû constater que rares étaient les séminaires où on s'orientait dans ce sens. Je reviendrai sur ce sujet à propos de l'Institut Supérieur de Liturgie. J'ajoutai quelques réflexions personnelles sur l'enseignement. Je n'ai jamais suivi de cours de pédagogie et il est possible que mes idées en la matière ne soient pas orthodoxes. Elles me sont venues de mon expérience d'élève et de professeur. J'ai suivi des cours jusqu'à trente ans et j'ai été professeur pendant une quarantaine d'années dans l'enseignement supérieur et dans l'enseignement moyen. J'ai eu tout le temps de constater qu'il y avait de bons professeurs et de mauvais, et que le clivage ne se faisait pas toujours au niveau de la science, mais à celui de la psychologie. Il faut sans doute qu'un professeur domine la matière qu'il enseigne et ne soit pas l'esclave d'un manuel ou de notes écrites. Mais cela ne suffit pas. J'ai eu un confrère qui était un excellent théologien et qui préparait soigneusement ses cours. Cependant il assommait ses élèves. Ce qu'il disait passait par-dessus leurs têtes. Comble de malheur, il avait une curieuse élocution : il parlait, si l'on peut dire, par rafales et son débit donnait la fâcheuse impression d'un tir de mitrailleuse. Comme j'étais en excellents termes avec lui, je me permis de lui demander un jour s'il n'avait pas parfois l'impression de raser ses élèves. Il m'avoua candidement qu'il ne s'était jamais aperçu de rien. Il n'était évidemment pas fait pour l'enseignement et je ne crois pas que des conseils pédagogiques auraient pu y changer quelque chose. Un homme, si savant soit-il, qui n'a pas de contact avec son auditoire, ne sera jamais bon professeur. Le premier principe d'un enseignant est qu'il ne faut jamais être ennuyeux. On me demandera si je n'ai jamais ennuyé mes élèves. Bien sûr! Mais je m'en apercevais au bout de dix minutes, et je me disais que j'étais en faute et j'essayais de réveiller l'attention d'une manière ou d'une autre. Le second principe est qu'il faut répondre aux questions des élèves et j'ai toujours admis qu'on m'interrompe pour demander des explications. Quand je ne trouvais pas la réponse tout de suite, je remettais à plus tard plutôt que de bluffer et de répondre n'importe quoi. Les élèves savent aussi apprécier l'honnêteté intellectuelle.

Ces Semaines d'étude répondaient à une situation provisoire. Il fallait donner aux professeurs de liturgie l'occasion d'acquérir la formation qu'on n'avait pas songé à leur donner. Mais il fallait prévoir la relève dans quelques années, et on ne pouvait ériger l'improvisation en système. Il fallait trouver le moyen de former des professeurs avant de les nommer. Un évêque qui aurait voulu le faire aurait été très embarrassé. Aucun institut ne préparait spécialement des liturgistes. Il fallait donc créer quelque chose de neuf.

11

L'Institut Supérieur de Liturgie de Paris

Un article du journal *La Croix* annonça, en 1956, la fondation prochaine d'un Institut de liturgie, annexé à la Faculté de théologie de l'Institut Catholique de Paris, sous la direction du C.P.L. et de l'Abbaye du Mont César. Le plus surpris fut dom Capelle, abbé du Mont César : il ne se souvenait pas d'avoir donné son accord. Etait-ce défaut de mémoire de sa part ou bien avait-on oublié de le consulter? Je n'ai jamais pu résoudre ce problème avec certitude. Mais la fondation d'un institut me paraissait une nécessité. Je persuadai dom Capelle d'accepter. Il me donna son accord et me chargea de négocier avec le C.P.L.

Les deux points essentiels à fixer étaient le but précis de l'Institut et son programme. L'enseignement peut se situer à différents niveaux. On ne forme pas dans la même école des ingénieurs et de simples techniciens. On pouvait concevoir un institut de liturgie qui serait ouvert à un très large public, comme l'Institut Catéchétique fréquenté par de nombreuses religieuses enseignantes. Mais si l'on voulait préparer des professeurs de liturgie pour les séminaires, le niveau devait être différent. Sur ce point, l'accord était complet. Il s'agissait bien de préparer la relève des professeurs de séminaires.

Restait la question du programme. On m'envoya un projet long et détaillé qui prévoyait tout ce qu'on peut dire de la liturgie. C'était très bien pensé; mais c'était plutôt le plan d'une encyclopédie qu'un programme d'enseignement supérieur. Les cours prévus étaient si nombreux et si divers que je ne voyais pas qui pourrait enseigner tout cela avec compétence. On toucherait à tous les sujets sans en approfondir aucun. De plus, aucune place n'était faite au travail personnel des élèves. Je rédigeai un contre-projet que je soumis au C.P.L. et qui fut accepté comme base de discussion. J'eus ensuite une longue entrevue à Paris avec le Père Gy et le Père Louis Bouyer. Celui-ci nous fournit une aide précieuse, car il était professeur à l'Institut Catholique et il en connaissait toutes les ressources. On pouvait tirer parti, pour compléter le programme, de cours existant dans diverses facultés (théologie, droit canon, lettres) ou dans des instituts annexes comme l'Institut Catéchétique ou l'Institut Grégorien. Nous avons donc mis sur pied un programme concret. Le lendemain matin, nous étions convoqués chez Monseigneur Blanchet, recteur de l'Institut Catholique. Le chanoine Martimort, qui venait d'arriver de Toulouse, nous y rejoignit. Le projet fut adopté sans difficulté.

Il fallait alors nommer le directeur et le personnel enseignant. Comme directeur, j'avais suggéré le nom du Père Bouyer, qui était sur place, mais il n'accepta pas et il insista pour que j'assume moi-même la charge. J'acceptai sans difficulté parce que je ne voyais concrètement personne d'autre qui fût disponible. Dom Capelle était plus compétent que moi, mais il était impossible qu'il dirige effectivement l'Institut. Ce n'aurait été qu'une fiction juridique. Le chanoine Martimort aurait été un excellent directeur, mais des raisons de famille l'empêchaient de quitter Toulouse et, de plus, il avait déjà la charge du C.P.L., ce qui n'était pas une sinécure. Le Père Gy était alors trop jeune pour prendre la responsabilité de la charge, mais il fut nommé sous-directeur. L'abbé Jounel fut nommé secrétaire et le Père Dalmais professeur. A nous quatre, nous formions l'équipe de base de l'Institut. D'autres professeurs étaient prévus, mais, pour comprendre leur rôle, il faut connaître quel était le programme.

Pour le rédiger, j'étais parti du principe que l'essentiel, dans le cours de liturgie, était le commentaire des textes qui représentent une partie importante de la tradition de l'Église. Or, pour faire ce commentaire avec autorité, deux choses sont indispensables : la connaissance des sources liturgiques et une méthode critique de travail. C'est vers cette formation personnelle qu'il fallait orienter l'Institut. Il n'était donc pas question de fournir aux futurs professeurs des cours modèles qu'ils pourraient ensuite servir à leurs élèves, mais de les rendre capables de préparer eux-mêmes leurs cours. Pour arriver à ce résultat, le programme prévoyait quatre éléments : des cours généraux, des cours spéciaux, des cours à option et des séminaires.

Les cours généraux étaient des cours d'initiation. Ils comportaient une introduction générale, au premier semestre, et un double cycle réparti sur deux ans. L'introduction générale était surtout bibliographique : elle faisait connaître aux élèves les principaux instruments de travail qu'ils auraient à manier. Les deux autres cours concernaient l'histoire de la liturgie. L'un était une histoire générale par époques. L'autre s'intéressait plus spécialement à la liturgie romaine en étudiant la formation des différents recueils : missel, pontifical, rituel, bréviaire. Ces cours donnaient une vue d'ensemble de la liturgie et des problèmes qu'elle pose, mais ils ne suffisaient pas pour donner aux élèves une formation personnelle. Pour leur apprendre à travailler, il leur fallait un autre genre de cours : les cours spéciaux.

On n'a pas encore trouvé mieux pour apprendre à travailler que de regarder comment fait un maître et d'essayer de l'imiter. C'est aussi vrai dans le domaine de la science que dans celui de la cuisine. Dans toute institution d'enseignement supérieur, il doit y avoir des cours approfondis, dans lesquels le professeur ne se contente pas d'énoncer des sentences magistrales, mais démonte lui-même le mécanisme de sa technique et justifie les conclusions auxquelles il aboutit. L'originalité de l'Institut est qu'au lieu de confier ces cours à un seul professeur, nous avons fait appel à une équipe des meilleurs spécialistes que nous pouvions trouver. Chaque semestre, il y avait cinq séries de cours spéciaux. Chaque professeur disposait de six leçons réparties sur deux semaines. C'était suffisant pour traiter à fond un problème limité et donner aux élèves un exemple de travail scientifique. Si l'on consulte la liste des cours, on y trouve les noms de dom Capelle, des Professeurs Chavasse, Vogel et Munier de Strasbourg, du Professeur Fischer de Trèves, du Père de Gaiffier, bollandiste, du chanoine Martimort, du Père Bouyer, du Père Chenu. C'était une chance inespérée pour nos élèves d'entrer en contact avec de tels maîtres et de bénéficier de leur expérience.

Quant aux cours à option, laissés au choix des élèves, ils concernaient des sciences auxiliaires qui avaient un rapport avec la liturgie. Chaque élève devait choisir au début du semestre deux cours qui figuraient au programme général de l'Institut Catholique. Ainsi, ceux qui voulaient étudier les rites orientaux trouvaient des cours de langues anciennes à l'Institut Oriental. La Faculté de Lettres avait des cours de latin chrétien et de paléographie. L'Institut Grégorien avait un cours de paléographie musicale. L'Institut Catéchétique avait un cours sur l'histoire de la catéchèse et un cours de pastorale liturgique. Si nous n'avons pas fait figurer un cours de pastorale parmi les cours généraux, c'était pour ne pas faire double emploi avec celui que le Père Roguet faisait déjà à l'Institut Catéchétique.

Cependant ces cours théoriques demandaient un complément. Pour apprendre à travailler, il importe de voir ce que fait un maître compétent, mais il faut aussi que l'élève essaie de l'imiter. Les cours spéciaux fournissaient des exemples de méthode. Il fallait encore que les élèves essaient d'appliquer les principes théoriques et qu'ils sachent mener eux-mêmes une recherche scientifique. C'est pourquoi nous attachions une importance capitale aux séminaires de travail. Apparemment, cela tenait peu de place dans le programme : une heure par semaine. Mais en fait, chaque séance demandait aux élèves plusieurs heures de préparation. Un groupe d'élèves se réunissait sous la direction d'un professeur pour étudier une question spéciale. Le professeur n'était là que pour distribuer les tâches et corriger les erreurs, mais le travail était fait par les élèves. La réunion hebdomadaire servait à vérifier l'avancement de la recherche et à juger de la méthode, mais le travail proprement dit se faisait en dehors des heures de cours et demandait une bonne partie du temps des élèves. Aux séminaires de liturgie, on avait joint un séminaire de droit canonique sous la direction d'un laïc, le Professeur Gaudemet, qui enseignait à l'Université de Paris et à l'Institut de Droit Canonique de Strasbourg.

Le seul changement qui fut fait au programme concerne le latin. Au début, on envoyait tous les élèves aux cours de latin chrétien à la Faculté de Lettres. Ces cours étaient excellents, mais, après quelques années, je me rendis compte qu'ils n'étaient pas adaptés à la majorité de nos élèves, qui n'étaient pas philologues et dont les connaissances étaient trop élémentaires. Les cours de la Faculté de Lettres restèrent comme cours à option, mais j'ajoutai, pour les élèves de première année, un cours de latin appliqué aux textes liturgiques.

On voit quelle était l'orientation de l'Institut. Il ne visait pas à donner aux élèves une connaissance encyclopédique de la liturgie, basée sur une multitude de cours magistraux.

Ceux-ci avaient été réduits au profit de la formation personnelle et du travail des élèves.

Les débuts de l'Institut furent difficiles. La première difficulté fut le recrutement des élèves. On avait fondé l'Institut en vue des séminaires français. Or les évêques français ne nous envoyèrent à peu près personne. Heureusement des élèves sont venus de l'étranger : d'Espagne, d'Italie, de Hollande, de Belgique, et même des deux Amériques. L'Institut restera toujours largement international. On pouvait trouver dans l'auditoire des représentants d'une vingtaine de nationalités.

La seconde difficulté fut le manque de formation de certains élèves. Nous avions cependant précisé que les candidats devaient être du niveau de la licence en théologie. En fait, plusieurs n'avaient pas fait la licence et il fallut bien constater que ce grade ne signifiait pas toujours grand-chose. Il semble que, dans certaines Facultés, ce soit une sorte de bachotage plutôt qu'une formation sérieuse.

J'ai fait allusion plus haut au manque de formation de ceux qui sortent des séminaires. Cela se manifeste par l'ignorance du latin, même chez ceux qui ont fait des humanités classiques. Il semble que leurs études théologiques leur ont fait oublier ce qu'ils avaient appris au collège. Les années suivantes, nous avons fait passer aux candidats un examen préalable de latin et nous avons dû en écarter plusieurs qui ne savaient vraiment rien. Pour les autres, le niveau moyen n'était pas très élevé : c'était celui de la quatrième latine. C'est pour cela que je me décidai à faire moi-même un cours de latin plus élémentaire que ceux de la Faculté de Lettres. Néanmoins ce cours paraissait très difficile à certains élèves. En fait, il était du niveau des classes supérieurs d'humanités. Je parle en connaissance de cause, car j'ai été pendant une douzaine d'années professeur dans le secondaire et je sais ce qu'on peut obtenir d'élèves de 15 à 18 ans. J'expliquais les textes liturgiques de la même manière que je le faisais pour les textes classiques en humanités et j'en profitais pour faire une révision de la syntaxe. Mais il était difficile d'obtenir l'analyse exacte d'une forme et la justification de son emploi.

Un autre défaut était le manque d'esprit critique. Lors d'une séance de séminaire, un élève doit expliquer un canon d'un concile gaulois. Il me donne la traduction française de dom Leclercq dans son histoire des conciles. Je lui demande quel est le texte exact. Il me regarde alors d'un air ahuri : il vient de découvrir que les Pères gaulois ne parlaient pas français. Mais où trouver le texte latin? Il ne semble pas connaître l'existence de Mansi et des autres collections conciliaires. Il me cite ensuite un Père grec dans la version latine de Migne. Je lui demande quels sont les termes de l'original. Il n'en sait rien : il n'a pas songé à jeter un coup d'œil sur la colonne grecque parallèle.

Le manque d'esprit critique se manifeste aussi à propos des cours spéciaux. Les élèves étaient prêts à accepter toutes les sentences magistrales. Ils reconnaissaient la compétence des professeurs. Mais quand on essayait de leur montrer par quelle méthode on arrivait à ces conclusions, cela ne les intéressait plus. Ce n'était pas assez pratique. Les cours de dom Capelle et du chanoine Chavasse n'étaient pas à répéter devant un auditoire de séminaire. Alors il suffisait de retenir leurs conclusions, le reste était inutile. Certains souhaitaient la suppression des cours spéciaux. Il n'était pas question de priver les bons élèves de cet enseignement supérieur pour faire plaisir à quelques traînards. Mais la présence de ces éléments constituait un poids mort dont il fallait se débarrasser si on voulait maintenir l'Institut à un niveau universitaire.

Nous avons eu un élève qui, de retour dans son pays, répandit la légende que les cours de l'Institut étaient si difficiles que même un docteur en théologie ne pouvait pas réussir. Je tiens à remettre les choses au point. Nous avons eu comme élève un docteur en théologie d'Ottawa. Il suivit les cours pendant deux ans, mais il répétait à qui voulait l'entendre que tout cela n'était pas assez pratique. Il voulut cependant présenter le diplôme supérieur, qui comporte la rédaction d'une thèse. Mais pour être admis à présenter une thèse, il fallait passer un examen spécial qui visait à contrôler non les connaissances encyclopédiques du candidat, mais sa méthode de travail. Il se présentait un matin à la bibliothèque du C.P.L. et choisissait parmi plusieurs sujets qui lui étaient proposés; il pouvait travailler pendant toute la journée en se servant de la bibliothèque. On ne demandait pas une dissertation complète et bien en forme. On voulait voir comment le candidat abordait le travail, s'il était capable de faire la bibliographie, de repérer les sources et de les interpréter correctement. En l'occurrence, il avait choisi de traiter le temps de Noël dans la liturgie romaine du IVe au VIIIe siècle. Or il traita le sujet sans recourir à aucune des sources de cette liturgie, ni sacramentaire, ni lectionnaire, ni antiphonaire. C'était un tour de force. Il avait puisé quelques renseignements dans des articles de deuxième ou troisième main, mais il était incapable de se débrouiller dans les sources. Nous avons estimé qu'il n'avait pas la formation suffisante pour être admis à présenter une thèse de caractère scientifique. Mais je puis attester que bien des élèves, qui n'étaient pas docteurs d'Ottawa, ont réussi ce fameux examen sans difficulté, parce qu'ils avaient appris à travailler sérieusement au lieu de se contenter de ce qui leur paraissait pratique.

Après les premières années d'expérience, je pensai à demander à Rome l'approbation de l'Institut. Cette démarche n'était pas inspirée par un souci d'ultramontanisme, mais par une raison pratique. L'Institut était le premier et le seul en son genre, mais j'étais à peu près sûr qu'on ne tarderait pas à créer à Rome un institut similaire. C'était dans l'ordre des choses, mais le danger était qu'une fois érigé un Institut pontifical de liturgie, nous soyons superbement ignorés. C'est ce qui était arrivé pour l'Institut Biblique. C'est le Père Lagrange qui avait eu le mérite de fonder une école biblique à Jérusalem, mais les faveurs et privilèges furent réservés à l'Institut de Rome. Lui seul était habilité à conférer des grades académiques. La même chose risquait de nous arriver si nous ne parvenions pas à nous faire reconnaître avant la fondation d'un institut romain. Lors d'une réunion du Conseil de l'Institut, je proposai donc de faire des démarches en ce sens. Monseigneur Blanchet me répondit qu'il voulait bien, mais qu'il ne savait quelle était la marche à suivre. Cela me parut singulier de la part du recteur d'une université catholique, mais je lui dis que j'étais au courant. Je lui fournis le texte d'une demande, qu'il signerait et ferait contresigner par l'évêque du lieu. Je me chargerais des autres formalités.

Cette première démarche ne reçut pas de réponse, du moins à ma connaissance. Plus tard seulement, je soupçonnai que Monseigneur Blanchet avait reçu une réponse négative; il ne me l'avait pas communiquée, pour enterrer l'affaire. Cela ne nous arrangeait pas. Il y avait un moyen infaillible d'obtenir une réponse : c'était de faire introduire la demande non plus par le recteur, mais par le cardinal archevêque de Paris à l'adresse du cardinal Pizzardo, préfet de la Congrégation des Séminaires et Universités. Un cardinal est obligé de répondre à un autre cardinal. Ici, Monseigneur Blanchet se fit tirer l'oreille et je n'eus mon document qu'en m'adressant directement à l'archevêché. La réponse du cardinal Pizzardo fut négative. Elle disait qu'après avoir consulté les autorités compétentes en matière de liturgie, il ne pouvait donner l'approbation à cause des abus et des erreurs dans ce domaine.

Les autorités en matière de liturgie, c'est évidemment la Congrégation des Rites. J'envoyai une lettre au cardinal Cicognani, préfet des Rites, attestant que l'Institut n'avait rien à voir avec les erreurs et abus en matière de liturgie, que c'était un institut d'enseignement supérieur destiné à faire connaître aux futurs professeurs la tradition authentique de l'Église et que, s'il voulait s'informer sur l'esprit de l'Institut, il pouvait s'adresser à un de ses proches collaborateurs, le Père Antonelli, qui nous avait envoyé un de ses jeunes confrères, le Père Falsini, franciscain italien, pour suivre nos cours à Paris. J'écrivis également au cardinal Pizzardo en lui signalant qu'on ne semblait pas avoir tenu compte de la documentation que j'avais envoyée : les statuts de l'Institut et le programme des cours.

Je ne reçus aucune réponse du cardinal Cicognani et je n'en fus pas étonné. Ce qui m'étonna, au contraire, ce fut la réponse du cardinal Pizzardo. Il avouait simplement qu'il y avait eu confusion entre l'Institut et le Centre de Pastorale Liturgique de Paris. L'examen de la documentation avait permis de corriger l'erreur et, dès lors, une approbation devenait possible après quelques années d'expérience. En attendant, le Cardinal me chargeait de veiller à ce que l'Institut se maintienne dans les limites fixées par les statuts. Et il précisait : ni application pratique, ni même science appliquée.

Cette lettre contenait pour moi du bon et du mauvais. Le mauvais était que le C.P.L. était mal vu à Rome et qu'on le rendait responsable de l'anarchie qui commençait à se répandre. C'était injuste, je l'écrivis au Cardinal. Mais c'était un fait et je n'y pouvais rien. Heureusement la lettre du cardinal Pizzardo contenait aussi du bon. L'approbation de l'Institut apparaissait désormais non plus simplement possible, mais probable. J'eus des renseignements complémentaires par dom Benoît Becker, que j'avais pris comme procureur à Rome. Il était entré en rapport avec le consulteur chargé de suivre l'affaire par le cardinal Pizzardo, Monseigneur Romeo. Celui-ci était très favorable à mon égard, mais il craignait l'influence du C.P.L. Plusieurs

membres du C.P.L. étaient allés à Rome et avaient parlé
de « leur » institut, d'où la confusion qui s'était produite
à la Congrégation des Rites, à qui mon dossier n'avait pas
été communiqué. La Congrégation des Séminaires possédait ce dossier et Monseigneur Romeo en avait pris connaissance. Il l'approuvait, mais il se demandait si l'influence
du C.P.L. ne donnerait pas à l'Institut une autre orientation.
De là les recommandations qui m'avaient été faites dans la
lettre du Cardinal. On me demandait aussi un témoignage
du doyen de la Faculté de Théologie à laquelle nous étions
annexés. Je m'adressai au Père Leclerc, doyen de l'époque,
qui était très bien disposé à notre égard. Il eut l'imprudence
d'en parler au recteur, Monseigneur Blanchet, et celui-ci
lui défendit d'envoyer quoi que ce soit : Rome avait refusé,
il ne fallait plus rien faire. C'est alors que je m'aperçus que
l'attitude de Monseigneur Blanchet avait été équivoque
depuis le début. Il avait donné un accord théorique, mais
il s'était toujours fait tirer l'oreille pour la moindre
démarche. Il ne tenait pas à cette approbation et regrettait
de s'être engagé. Il avait été enchanté du refus de Rome
et il voulait enterrer l'affaire. Je n'insistai pas. La cause
était en bonne voie. Il suffisait de continuer comme nous
avions commencé et d'attendre une nouvelle occasion.

C'est à ce moment précis que le C.P.L. prit une initiative
intempestive. Il avait décidé d'organiser dans ses locaux
de Neuilly une série de cours de pastorale liturgique. C'était
son droit et je n'avais rien à redire, pourvu que l'Institut
n'y soit pas mêlé. Mais nos élèves avaient été invités : ils
avaient reçu l'invitation à ces cours en même temps que
le programme de l'Institut. On ne m'avait pas demandé
mon avis et on ne m'avait même pas prévenu. Il y avait là
au moins une incorrection, mais je ne m'en serais pas forma-
lisé si cette initiative ne m'avait mis dans une situation
impossible vis-à-vis de Rome. Quelques jours après avoir
reçu les instructions de la Congrégation, nous envoyions

nos élèves suivre des cours de pastorale au C.P.L. On ne pouvait y voir qu'une manœuvre assez grossière pour tourner les directives de Rome. C'était justement la gaffe à ne pas faire, parce qu'elle justifiait les craintes de la Congrégation. Dès que je fus averti, j'écrivis au Père Roguet pour lui demander de surseoir au projet de ces cours de pastorale. Je comptais sur une réponse rapide, car l'ouverture de l'année académique était imminente, et je devais prendre position dès le premier jour. La réponse du Père Roguet ne me parvint jamais, à cause d'une erreur d'adresse, si bien que je dus prendre mes responsabilités avant de faire mon premier cours.

Je procédai le plus amicalement que je pouvais. Je dis aux élèves que les cours de pastorale de Neuilly étaient une chose tout à fait normale dans la ligne de l'action du C.P.L. Mais ces cours n'étaient pas destinés aux élèves de l'Institut. Ils s'adressaient à des prêtres français du ministère et cherchaient des solutions aux problèmes de l'Église de France. Ces solutions, si légitimes qu'elles soient, ne pouvaient s'appliquer à toutes les situations dans le monde. L'Institut étant international n'avait pas pour but de donner des solutions toutes faites pour résoudre tous les problèmes du monde entier, mais de former les élèves pour qu'ils soient capables de trouver des solutions une fois rentrés dans leur pays. De plus, j'avais reçu des instructions précises de Rome pour que l'Institut garde son orientation scientifique et ne s'engage pas dans le domaine de la pratique. Pour éviter toute équivoque, je priais les élèves de ne pas suivre les cours de pastorale. Cela dit, je commençai mon cours.

J'estimais l'incident clos. Je me trompais. Quelques jours plus tard, rentré à Louvain, je reçus un coup de téléphone de Paris. On me dit qu'il y avait une assemblée tumultueuse au C.P.L. et on m'envoyait un messager par avion. Je partis aussitôt pour l'accueillir à Zaventem. Je le ramenai à Bruxelles et là il me mit au courant de la situation. Il y avait eu le matin à Paris une réunion des collaborateurs du C.P.L. et tout le monde s'était indigné de mon intervention. C'était bien la preuve que les cours de pastorale avaient été destinés à nos élèves et qu'on avait voulu me mettre devant le fait accompli. Car rien n'empêchait le C.P.L. de faire ses cours de pastorale pour d'autres auditeurs. Mais mon geste avait posé un problème de droit. Il aurait été résolu en cinq minutes si on avait bien voulu consulter les Statuts de l'Institut, mais personne n'y avait songé. On s'était insurgé contre moi et le messager était chargé de me mettre au courant de la position du C.P.L. Il me la développa longuement et avec conviction. L'Institut avait été fondé par le C.P.L. On y avait associé le Mont César par un geste de fraternité, mais cela ne changeait rien au fond des choses. L'Institut restait la propriété du C.P.L., qui en gardait la direction. Je n'étais donc qu'un délégué du C.P.L., soumis aux directeurs de celui-ci. C'était vraiment un peu gros et je ne savais pas si mon interlocuteur croyait lui-même ce qu'il disait. J'écoutai paisiblement cet exposé sans donner mon point de vue. L'idée de régler un problème de droit entre deux avions alors qu'il n'y avait pas urgence me paraissait un enfantillage. Je reconduisis donc le messager à son avion de retour, en lui laissant l'illusion d'avoir bien rempli sa mission et de m'avoir ramené à la raison. Il ne faut jamais contrarier les gens sans nécessité.

J'attendis quelques semaines avant de faire une mise au point. Il fallait laisser aux esprits le temps de se calmer. Il n'était pas question pour moi de comparaître devant une assemblée du C.P.L., qui n'avait aucune compétence pour me juger. Je voulais leur faire part amicalement de ma position par l'intermédiaire d'un membre très estimé du C.P.L., le Père Louvel, alors directeur de *Fêtes et saisons*. Je l'invitai un jour à déjeuner au restaurant Thoumieux et je lui exposai mon point de vue, à charge de la faire connaître aux autres.

Je ne m'étais pas embarqué sans précaution. Dès la première année, j'avais rédigé des Statuts, qui avaient été acceptés par toutes les parties contractantes et qui, à ce moment, étaient soumis à l'approbation du Saint-Siège. C'était la seule base possible pour une discussion juridique. D'après ce document, le C.P.L. et l'Abbaye du Mont César étaient co-fondateurs de l'Institut Supérieur de Liturgie. Ils avaient l'un et l'autre le droit de présenter un candidat à la charge de directeur, mais le droit de nomination appartenait au Recteur de l'Institut Catholique. L'Institut était régi par un Conseil comprenant sept membres : le recteur, le doyen de la Faculté de Théologie, le directeur, le sous-directeur et le secrétaire de l'Institut, un délégué du C.P.L. et un délégué du Mont César. Le C.P.L. disposait donc d'une voix sur sept. C'était écrit noir sur blanc et il ne fallait pas être grand clerc pour voir que je n'étais en rien subordonné aux directeurs du C.P.L. J'étais seul responsable vis-à-vis du recteur et du Conseil. Pour les affaires courantes, je prenais mes responsabilités. Pour les questions plus graves, je demandais l'avis du Conseil. Envoyer nos élèves suivre des cours de pastorale était une affaire grave dont je n'aurais pas pris seul la responsabilité. Si on m'en avait parlé, j'aurais soumis la chose au Conseil, et la proposition aurait été rejetée par la majorité. Je ne pouvais m'incliner devant une décision prise contre les règles. D'ailleurs en ce cas précis, je n'aurais pu admettre un avis favorable du Conseil. Le cardinal Pizzardo venait de me rendre responsable de la marche de l'Institut et de me donner des directives précises. Or l'institution de nouveaux cours de pastorale allait directement à l'encontre de ces directives. J'aurais donc dû en référer à Rome, ce qui aurait été pour nous l'équivalent d'un suicide.

Le Père Louvel comprit parfaitement le problème. Il comprit aussi la raison pour laquelle je m'opposais à la multiplication des cours de pastorale. Comme moi, il se rendait compte qu'on ne devait pas mélanger deux degrés d'enseignement. L'alternative s'était posée dès le début et on s'était mis d'accord pour un enseignement de type universitaire. Si l'on m'avait offert le poste de directeur, c'était bien, je crois, parce que mon nom était une garantie pour le niveau de l'enseignement. Je ne pouvais laisser faire n'importe quoi sous mon nom. C'était une question de probité. Je ne pouvais pas laisser glisser l'Institut sur une pente qui le ramenait du niveau supérieur au niveau du technique. J'avais mis cartes sur table dès le début et je n'avais trompé personne. Mais je savais par expérience qu'il est difficile de maintenir l'enseignement à un certain niveau. J'avais pris mes précautions et elles se révélaient efficaces.

Après cette entrevue avec le Père Louvel, j'estimai que l'incident était clos, et il le fut réellement. C'est le seul conflit que j'eus avec le C.P.L., et il ne laissa pas de traces dans la suite. Pour ma part, je n'ai jamais pris la chose au tragique. Quant à mes amis du C.P.L., ils n'insistèrent pas, et j'ai tout lieu de croire que, à la réflexion, ils reconnurent le bien-fondé de ma position.

La question de l'approbation ne tarda pas à se poser d'une manière urgente : on annonçait la fondation prochaine d'un Institut Pontifical de Liturgie à Rome, au Collège Saint-Anselme, sous la direction des bénédictins. C'était le moment ou jamais de revenir à la charge. Je multipliai les interventions personnelles. Il y avait à la Congrégation des Rites des gens éclairés, comme le Père Antonelli et le Père Bugnini, qui comprenaient que nous refuser l'approbation alors qu'on l'accorderait au nouvel institut serait une injustice et un scandale, et ils savaient que je ne me gênerais pas pour le dire. Le scandale aurait été d'autant plus grand qu'un des principaux organisateurs de l'institut romain avait été formé chez nous : dom Adrien Nocent était le premier de nos élèves à avoir reçu notre diplôme supérieur. Pouvait-on le nommer professeur à un institut romain et refuser en même temps de reconnaître la valeur de nos diplômes? J'essayai aussi de faire intervenir l'ambassadeur de France auprès du Saint-Siège, Monsieur de Margerie. A la Congrégation des Séminaires, j'étais persona grata auprès de Monseigneur Romeo. Néanmoins je demandai à Monseigneur Cerfaux, qui le connaissait fort bien, de stimuler son zèle. Quoi qu'il en soit des moyens, le décret d'approbation arriva. L'Institut était sauvé. Il était sur pied d'égalité avec l'institut romain. Il y aurait concurrence, bien sûr, mais ce serait une concurrence loyale, basée sur la qualité de l'enseignement et non sur des privilèges. Sur ce plan-là, nous pouvions tenir le coup.

Il y avait pourtant une ombre au tableau : la hargne de la Congrégation — ou des Congrégations — contre le C.P.L. n'avait pas cédé. Dans le bref historique qui ouvrait le décret, on avait effacé le nom du C.P.L. Je dis bien effacé et non omis, car les documents que j'avais remis mentionnaient le C.P.L. en tout premier lieu. Il ne pouvait être question d'une omission accidentelle. La fondation de l'Institut était attribuée à quelques bénédictins. C'était aussi bête qu'injuste, mais je n'y pouvais rien changer. Je fis la seule chose qui m'était possible. Je consignai le document officiel dans les archives de l'Institut, j'en fis connaître le contenu, mais je ne fis jamais publier le texte intégral.

En 1963, j'atteignais mes 70 ans et, suivant le règlement de l'Institut Catholique, j'aurais dû être remplacé comme directeur. Mais, pour je ne sais plus quelle raison, on prolongea mon mandat d'un an. L'année suivante, je fus remplacé par le Père Gy. Je restai cependant professeur jusqu'en 1969.

Je dois rendre hommage à mes collaborateurs principaux : le Père Gy, Monseigneur Jounel et le Père Dalmais. Nous avons formé une équipe parfaitement unie et je crois que nous avons pu faire ensemble du bon travail. Nous avons été aidés par d'éminents liturgistes qui ont accepté de faire les cours spéciaux. S'il y eut quelques contestataires parmi les élèves, je crois que la plupart nous sont reconnaissants de la formation qu'ils ont reçue. Ils sont dispersés un peu partout dans le monde, mais beaucoup restent en relation avec leurs anciens professeurs. J'en ai reçu plus d'un au Mont César, qui venaient et viennent encore pour préparer leur thèse. Je n'ai qu'un regret, c'est de n'avoir pas eu plus de candidats des pays de mission. Le seul Africain que nous ayons eu, si je ne me trompe, est l'abbé Gervais Mutembe, du Ruanda ; il a très bien réussi et fait aujourd'hui du bon travail dans son pays. Nous avons eu quelques futurs missionnaires et, parmi eux, certains étaient intéressés par les rites orientaux qui leur ouvraient des horizons pour une adaptation aux pays de mission.

L'Institut continue, sous la direction du Père Gy. Le Concile de Vatican II a changé bien des choses. Mais je crois qu'une connaissance de la tradition liturgique d'Orient et d'Occident sera toujours nécessaire si on veut que le mouvement liturgique ne sombre pas dans l'anarchie. Mais c'est un autre problème.

12
Les Conférences de Saint-Serge

Au cours de 1952, je reçus une lettre signée d'un nom qui m'était inconnu : le Père Cyprien Kern, de l'Institut Orthodoxe Russe de Paris. Il avait appris, je ne sais comment, que je devais aller à Paris, et il souhaitait avoir un entretien avec moi pour discuter d'un projet qu'il avait fait et dont il s'était déjà ouvert à dom Beauduin. C'est celui-ci qui lui avait conseillé de s'adresser à moi. C'est ainsi que je me mis un jour à la recherche du 93 de la rue de Crimée, dans un quartier que je ne connaissais pas du tout, le XIXᵉ arrondissement. Naturellement, je pris la rue par son mauvais bout, c'est-à-dire par le haut, et je dus dévaler cette interminable pente avant de m'arrêter au numéro 93. Je me trouvai devant une grille assez étroite. Une fois celle-ci franchie, je gravis un escalier de béton qui menait à une sorte d'oasis de verdure, où quelques maisons entouraient une chapelle rustique. Comme il n'y avait aucune indication, je sonnai au hasard à la porte d'une maison. C'était la bonne. On appela le Père Kern. C'était un homme de haute taille, maigre, que son habit de moine oriental rendait encore plus imposant. Il avait les yeux clairs, la voix profonde. Il m'accueillit très cordialement, me fit monter dans sa chambre et me prépara lui-même une tasse de café turc. Alors commença une longue conversation.

Il m'expliqua ce qu'était l'Institut Saint-Serge. Après la défaite de l'armée blanche, les Russes émigrés affluèrent en France et surtout dans la région parisienne. Ils durent s'organiser, non seulement sur le plan matériel, mais aussi sur le plan spirituel. Il y avait parmi les émigrés des prêtres orthodoxes, qui pouvaient suffire provisoirement aux besoins des émigrés. Mais il fallait penser à l'avenir et s'organiser pour durer, car l'espoir de rentrer était lointain. On songea donc à créer une école de théologie pour préparer de futurs prêtres. On avait des professeurs et des candidats, mais on avait besoin aussi d'un local, et une communauté d'émigrés ne dispose pas de grands moyens. Cependant une occasion se présenta. Il y avait, dans le XIXe arrondissement, une fondation luthérienne allemande qui, en vertu du traité de Versailles, avait été mise sous séquestre comme bien allemand et qui devait être mise en vente. La communauté orthodoxe put l'acquérir grâce à l'intervention d'un Juif bienfaisant, dont le portrait se trouve toujours au réfectoire. L'Institut Saint-Serge s'installa dans cette fondation. La chapelle luthérienne fut changée en église orthodoxe. Un artiste russe, D. Steletzky, en peignit l'abside et l'iconostase. En une trentaine d'années, l'Institut avait pu préparer bon nombre de prêtres et était devenu un centre intellectuel et religieux de caractère international. Des élèves y venaient maintenant de Grèce et d'autres pays d'Orient. Les Russes ne s'étaient pas retranchés dans leur domaine comme dans une forteresse. Ils avaient noué des relations cordiales avec le monde catholique qui les entourait. Ainsi furent-ils invités à des réunions œcuméniques. Et c'est ici qu'intervenait le projet du Père Kern.

Au début, le Père Kern assista à ces réunions entre catholiques et protestants, mais il s'y sentait de plus en plus mal à l'aise et il m'avoua qu'il lui était arrivé de les fuir.

Tout d'abord parce qu'on y traitait alors de questions brûlantes sur lesquelles on ne trouvait jamais d'accord. On avait l'impression de tourner en rond. De plus, les interlocuteurs de ces réunions étaient avant tout des catholiques et des protestants, c'est-à-dire des Occidentaux, qui discutaient entre eux de problèmes occidentaux. Le Père Kern ne voyait pas ce qu'il pouvait apporter à ces controverses, lui, représentant d'une petite communauté d'émigrés. Alors une idée lui était venue : si, au lieu de discuter de ce qui nous sépare, on prenait les choses par l'autre bout, en parlant au contraire de ce qui nous rapproche, n'avancerait-on pas, sinon plus vite, du moins plus sûrement? Et il avait pensé que la liturgie serait un terrain idéal pour de telles rencontres. Chacun y étudierait sa propre tradition positivement, sans préoccupation polémique. On arriverait ainsi à se mieux connaître et à se mieux comprendre. Ce retour aux sources serait bienfaisant pour tout le monde. Il n'était pas question de tirer des conclusions ni d'émettre des vœux. Il ne fallait pas s'attendre à des résultats spectaculaires ni immédiats. Mais ce serait une manière nouvelle d'aborder le problème, en s'appuyant sur les convergences plus que sur les divergences. Le Père Kern en avait parlé à dom Beauduin qui l'avait chaudement encouragé. Ainsi le fondateur du mouvement liturgique en 1909 et qui, après la guerre, avait contribué à la fondation du C.P.L., se retrouvait à l'origine d'une nouvelle initiative.

Tout récemment, je me suis posé une question au sujet de cette idée du Père Kern : lui est-elle venue spontanément sans aucune influence extérieure, ou bien lui a-t-elle été suggérée, peut-être à son insu, par une initiative analogue? Je dis d'avance que je n'ai pas trouvé de réponse ferme à la question et que, du reste, cela n'enlève rien au mérite du Père Kern. En rassemblant mes souvenirs, j'ai été frappé par une coïncidence de date. En 1951 se tenait à Oxford le premier congrès d'études patristiques organisé par le

Professeur Cross. La patristique étant une science, l'idée d'un congrès en la matière n'a rien d'original chez les Anglais. Cependant, ce n'est pas une science comme les autres. Ceux qui s'en occupent sont généralement membres de diverses confessions chrétiennes et, en tout cas, ils s'intéressent aux problèmes religieux. De plus, ceux qui avaient participé à l'organisation du congrès savaient que le Professeur Cross tenait à ce qu'il fût interconfessionnel. Il avait parcouru l'Europe, sac au dos, pour inviter des catholiques et des protestants. Ceux qui ont connu personnellement le Professeur Cross savent qu'il était un partisan de l'union des Églises. Il y avait dans son appartement un grand portrait de Pie XII. Il n'est pas douteux que son désir profond était de favoriser un rapprochement entre les diverses confessions chrétiennes, sur la base de la tradition patristique. Il me paraît indiscutable que l'intention du Père Kern rejoignait celle du Professeur Cross. En était-il conscient? Je n'en suis pas sûr, parce que l'aspect œcuménique du congrès d'études patristiques était moins apparent que son aspect scientifique. Le rapprochement n'en est pas moins frappant. En septembre 1951, le premier congrès d'études patristiques se tient à Oxford. En 1952, le Père Kern fait le projet d'une Semaine d'étude à Saint-Serge. A la fin de juin 1953 s'ouvre la première Semaine. Le Professeur Cross y est invité et fait une communication. Le Père Kern avait donc été en correspondance avec lui et il est difficile de voir là une pure coïncidence. Je suis porté à croire que le Père Kern avait compris l'intention profonde du professeur d'Oxford, que l'œcuménisme doit avant tout s'appuyer sur une étude désintéressée de la tradition. Le mérite propre du Père Kern est d'avoir appliqué le même principe à la liturgie.

Le premier congrès d'Oxford avait posé un problème à certains catholiques. La participation à une réunion interconfessionnelle serait-elle autorisée par le Saint-Siège? Rome s'abstint sagement de donner des instructions et laissa les supérieurs juger pour leurs sujets. Ainsi le Général des jésuites ne donna pas la permission, sauf aux jésuites flamands. On racontait que cette exception était due au télégraphiste, qui avait omis la négation « niet » à la fin de la phrase. Mais c'est probablement une légende. Pour ma part, j'étais couvert par mon supérieur, dom Capelle, qui prit part aussi au congrès. Pour Saint-Serge, le Père Kern avait tenu à respecter scrupuleusement les instructions de Rome en matière de réunion interconfessionnelle. Les réunions n'étaient pas accessibles à tout le monde et se recrutaient par invitations de spécialistes compétents. Cependant le Père Daniélou n'obtint pas l'autorisation de ses supérieurs, bien qu'il eût promis une communication. Comme il avait déjà pris rendez-vous avec le Professeur Jeremias, il fut obligé de venir le voir entre deux séances. Il est venu plus d'une fois depuis lors. La dernière fois, il était déjà cardinal de l'Église romaine. Les choses ont bien changé en vingt ans.

Ce fut un succès, non seulement par la qualité des communications et par la tenue des séances, mais surtout par le climat de ferveur et de simplicité évangélique qui nous accueillit. On n'était pas dans un local anonyme d'une salle de congrès. On se trouvait au sein d'une communauté chrétienne authentique qui nous prenait en charge. Ce climat, je l'ai retrouvé chaque fois que je suis revenu à Saint-Serge au fil des années, et je suis sûr de le retrouver la prochaine fois que j'y reviendrai.

Je n'ai pas la liste des invités qui s'étaient joints la première fois à la communauté de Saint-Serge. Je donne les noms de ceux dont je me souviens. Parmi les protestants, le Professeur Jeremias et le Pasteur Thurian; parmi les anglicans, les Professeurs Cross et Drugmore; parmi les catholiques, dom Beauduin, dom Capelle, dom Rousseau, le Père Raes, Monseigneur Khouri-Sarkis.

Les Semaines d'étude se sont continuées d'année en année, sauf en 1955 où, pour des raisons d'ordre matériel, les locaux de Saint-Serge n'étaient pas disponibles. Les premières années, chacun apportait le résultat de ses travaux, sans souci de l'unité du programme. Dans la suite, on décida de fixer un thème unique qui permettrait d'approfondir la comparaison des diverses traditions. A partir de 1961, la collection *Lex orandi* accepta de publier l'ensemble des conférences. On me demanda de les publier sous mon nom pour une raison d'ordre commercial. Il paraît que les recueils anonymes ne se vendent pas; mieux vaut un nom inconnu que pas de nom du tout. Mais il me semblait impossible d'usurper une initiative dont le mérite revenait à Saint-Serge. J'acceptai, à condition que le nom de Monseigneur Cassien figurerait également sur la page titre. Monseigneur Cassien, ancien moine du Mont-Athos, avait été promu à l'épiscopat, et il était le supérieur de l'Institut. Cependant ces conférences imprimées ne donnent qu'une idée très imparfaite des Semaines. Les communications ne sont que le point de départ d'échanges de vues et de contacts personnels. Nous ne sommes pas des curieux en quête de distraction, mais des croyants à la recherche des racines les plus profondes de notre foi, dans l'Écriture et la tradition, et cette volonté commune crée entre nous des liens.

Il arriva une année que le Père Kern eut un moment de découragement. Deux conférenciers firent faux bond au dernier moment. Ce n'était pas une catastrophe, car le programme était assez riche sans eux. Mais le Père Kern, qui était très sensible sous ses apparences austères, y vit une marque de dédain et il en fut très affecté. Il avait tort. L'un des deux conférenciers était le chanoine Chavasse, et je le savais incapable d'un tel geste. J'ai appris d'ailleurs plus tard qu'il avait eu un grave accident de santé. Quoi qu'il en soit, le Père Kern eut un moment de mauvaise humeur, dont je fus la victime. Il me demanda de présider la dernière séance. J'acceptai en toute innocence, sans me douter du tour qu'il me jouait. Il reste de cette séance un document photographique. On y voit, au fond à droite, la chaire du conférencier occupé par un personnage assez corpulent. C'est un Suédois qui parlait de la réforme de la messe dans son pays. A gauche, à la table présidentielle, est assis un autre personnage dont on ne peut voir les traits. Au lieu de faire face à l'auditoire, il est tourné vers l'orateur, le coude droit appuyé sur la table et la tête reposant sur la main droite. Ce personnage, c'est moi; mais on ne peut me reconnaître, car on ne voit que ma main et mon cuir chevelu. Ce qu'on ne peut pas voir non plus, c'est que je dors profondément. Je fus réveillé en sursaut par des applaudissements. Heureusement, je n'avais pas dormi pendant toute la conférence et j'avais même pris des notes au début. Je pus donc en toute honnêteté entamer un dialogue avec l'orateur, tout en jetant des regards inquiets vers le fond de la salle. Le Père Kern n'était pas là. J'espérais voir se profiler sa haute taille à la porte; mais, au bout d'un certain temps, je compris qu'il ne viendrait pas. Il était inutile de prolonger la discussion. Je remerciai l'orateur et j'essayai de donner une conclusion à la Semaine. Le Père Kern m'avoua ensuite qu'il était allé donner à manger aux canards du parc voisin, en pensant avec une joie mauvaise à la tête que je devais faire en constatant son absence.

Cet épisode eut une suite. Désormais on me demanda de présider la dernière séance et de clôturer la session. En même temps s'est établie la coutume de préparer le programme de l'année suivante. C'est devenu une sorte de droit coutumier. Si bien que, à peine arrivé à Saint-Serge, je dois songer déjà à la prochaine session et consulter des représentants des différents groupes afin de trouver un sujet qui intéresse tout le monde. A la séance de clôture, je propose à l'assemblée les grandes lignes d'un programme. A partir de cette ébauche, le Père Kniazeff, successeur du Père Kern, élabore au cours de l'année le programme définitif et invite les conférenciers. Il le fait avec un rare bonheur. Ces programmes sont riches, variés et bien équilibrés.

Au cours de ces vingt années, nous avons vu disparaître plusieurs des ouvriers de la première heure. A Saint-Serge, le Père Kern, Monseigneur Cassien, le Père Afanasieff. Parmi les invités, dom Beauduin, dom Capelle, le Professeur Grondijs, le Professeur Cross. Nous gardons pieusement leur souvenir. Je suis le dernier survivant de cette génération. On m'a décerné le titre de patriarche !

En raison de ma fidélité, la Faculté de Théologie de Saint-Serge m'a fait le grand honneur de me conférer le titre de docteur honoris causa en 1968. En fait, cet honneur m'avait déjà été proposé plusieurs années avant le Concile de Vatican II, en même temps qu'à Monseigneur Dumont, dominicain, directeur du Centre Istina. Nous nous étions concertés et, après consultation de nos supérieurs respectifs, nous avions dû refuser. Mais après Vatican II, la situation était toute différente, et nous avons accepté tous deux de grand cœur.

J'ai esquissé rapidement l'histoire des Semaines de Saint-Serge. Je ne suis pas prophète et je ne puis pas prédire leur avenir. Mais je souhaite que la tradition continue. Si les anciens disparaissent, il y a des jeunes qui sont capables de continuer ce que nous avons commencé. Il y en a à Saint-Serge et il y en a parmi les invités. Quand je suis devenu directeur de l'Institut Supérieur de Liturgie de Paris, j'ai entraîné plusieurs de mes élèves à Saint-Serge, et ils y reviennent volontiers. Chaque année nous voyons arriver des étudiants de divers pays, avides de se retremper dans la tradition. C'est pour cela que les Semaines de Saint-Serge sont nécessaires. Il faut vivre dans le présent et préparer l'avenir. L'Église doit être vivante et s'adapter au monde moderne. Mais une condition de la vie, c'est la continuité.

Une Église renouvelée, ce n'est pas une Église coupée de ses racines, mais au contraire plus profondément enracinée dans sa tradition authentique. Ce n'est pas en créant de nouvelles ruptures qu'on renouvellera le visage de l'Église, mais en réparant celles du passé. Or, si l'Église est à la recherche de son unité, ce n'est pas dans la confusion des idées ou dans un pragmatisme facile qu'elle la trouvera, mais dans un retour vers ses origines. Dans ce domaine-là, Saint-Serge peut et doit encore faire du bon travail.

13
Vers le Concile

Dans les chapitres précédents, j'ai esquissé l'histoire de trois institutions qui ont pris naissance à peu près en même temps et auxquelles j'ai collaboré : les cours de vacances organisés à Louvain, l'Institut Supérieur de Liturgie de Paris, les Semaines de Saint-Serge. En 1960, j'acceptai d'occuper la chaire de liturgie à l'Université de Louvain. On me permettra ici de faire un retour en arrière au sujet de cette chaire.

La Faculté de Théologie n'avait jamais eu de cours de liturgie avant 1911. Ce fut certainement sous l'influence du mouvement liturgique que Monseigneur Callewaert, professeur de liturgie au Grand séminaire de Bruges, fut chargé de faire un cours à la Faculté de Théologie. En 1914, l'Université cessa toute activité, mais quand elle rouvrit les cours en 1919, le mandat de Monseigneur Callewaert ne fut pas renouvelé. Pour quelle raison? Je n'en sais rien. Peut-être Monseigneur Callewaert jugea-t-il que le petit nombre d'élèves ne valait pas le déplacement. En tout cas, quand dom Capelle, devenu abbé du Mont César, décida d'ouvrir un cours public à l'Abbaye, il n'y avait rien à la Faculté de Théologie. Ce cours était destiné avant tout à nos élèves,

146 VERS LE CONCILE

c'est-à-dire aux bénédictins de la Congrégation belge qui faisaient leurs études théologiques chez nous; mais il était accessible aux élèves d'autres écoles théologiques de la ville, notamment les jésuites et les dominicains. Dom Capelle m'avait demandé de me charger d'une partie des leçons, ce qui fut l'origine de ma vocation de liturgiste. Le cours étant public, les étudiants de l'Université y étaient admis, mais nous n'avions fait aucune propagande de ce côté. En fait, les rares théologiens qui avaient manifesté le désir de venir chez nous en furent dissuadés par le chanoine Lebon, président du Collège du Saint-Esprit. Cet éminent patrologue n'a jamais compris que l'étude de la prière de l'Église pouvait intéresser la théologie. D'ailleurs, pour lui comme pour plusieurs de ses collègues, la liturgie se confondait encore avec les rubriques. Cependant après quelques années, ce dédain céda devant un autre principe. L'Université de Louvain a toujours été jalouse de ses privilèges et n'aime pas qu'on fasse quelque chose en dehors d'elle. On créa donc un cours de liturgie à la Faculté de Théologie et on demanda à dom Capelle de s'en charger. Dom Capelle accepta, mais nos cours publics à l'Abbaye n'en continuèrent pas moins.

Le cours de dom Capelle à l'Université fut tout d'abord un cours d'une heure par semaine pendant un semestre. Il était entièrement facultatif. De plus, il était pratiquement impossible de le faire figurer dans un programme comme cours à option. Personne n'avait donc l'obligation de le suivre et l'auditoire était presque désert. Dom Capelle s'en plaignit au recteur, Monseigneur Ladeuze, et celui-ci lui accorda un second semestre, de sorte que le cours pût devenir cours à option. De plus, Monseigneur Lefort, directeur de l'Institut Orientaliste, fit entrer le cours de liturgie dans le programme des étudiants de la section de l'Orient chrétien. Quand dom Capelle atteignit la limite d'âge, il fallut le remplacer. Dom Capelle ne songea pas un instant que je pourrais lui succéder. Il me l'avoua plus tard avec une certaine confusion. Mais d'autres y songèrent. Entretemps j'étais devenu directeur de l'Institut Supérieur de Liturgie de Paris. Comme cet institut ne marchait pas trop mal, certains professeurs regrettaient que je sois allé si loin pour fonder un institut de liturgie. On me fit savoir que, si je posais ma candidature, je serais admis à l'unanimité. Je répondis que cela ne m'intéressait pas et que je ne posais pas ma candidature. De fait, je n'avais aucun intérêt à accepter. J'étais directeur d'un institut international à Paris, je continuais à faire mes leçons publiques à l'Abbaye. Pourquoi me charger en plus d'un cours dont l'auditoire restait malgré tout squelettique? Mon confrère, dom Cappuyns, qui était professeur d'histoire de la théologie médiévale, accepta alors la charge provisoirement, espérant vaincre ma résistance. En fait, ce fut ce qui arriva. Il fit cours pendant deux ans, bien qu'il n'eût aucune compétence particulière et qu'il en fût parfaitement conscient. Il s'était mis dans une situation un peu ridicule, et c'est pour l'en tirer que j'acceptai finalement en 1960. Le maximum d'élèves que j'ai eu est sept, la plupart d'ailleurs venant de l'Institut Orientaliste et non de la Faculté de Théologie.

En 1959, nous avions célébré le cinquantième anniversaire du mouvement liturgique, comme je l'ai raconté, et le pape Jean XXIII avait adressé un message à dom Beauduin. Cela se passait au début de juillet. Un mois ou deux plus tard, il adressait au monde un message annonçant le prochain concile. Je l'ai entendu de Venise, où je faisais une série de cours de vacances à la Fondation Cini, dans l'Isola San Giorgio.

On connaissait déjà le projet du nouveau pape et cela provoquait de la surprise et de l'inquiétude. De la surprise tout d'abord, parce qu'on voyait en Jean XXIII un pape de transition. Après un pontife aussi brillant et aussi critiqué que Pie XII, on avait besoin d'un homme plus effacé, dont

le règne ne serait pas trop long — son âge en était garant —,
et qui donnerait à l'Église quelques années de repos. Et
voilà que ce « père tranquille » allait provoquer le plus
grand remue-ménage de l'histoire de l'Église. Mais à
l'étonnement s'ajoutait l'inquiétude. Presque tout le monde
était hostile au concile, pour des raisons parfois opposées.
Les partisans du statu quo dans l'Église objectaient qu'il
n'y avait aucune raison de réunir un concile, puisqu'il n'y
avait aucune hérésie nouvelle à condamner, comme cela
avait été le cas dans les anciens conciles. Au reste, l'ère
conciliaire était dépassée. La facilité des communications
rendait inutile le déplacement de nombreuses personnes.
Rome était parfaitement informée au jour le jour de tout
ce qui se passait dans le monde et pouvait prendre rapidement les décisions nécessaires. Quant à ceux qui souhaitaient
un assouplissement de la discipline et une certaine décen-
tralisation, ils se demandaient si le concile serait un remède
efficace. Ces évêques qui arriveraient de tous les coins du
monde ne seraient-ils pas invités à signer des textes préfa-
briqués par la Curie, qui durciraient encore certaines positions au lieu de les assouplir? Le moins qu'on puisse dire
est que l'idée de Jean XXIII au début ne suscita pas un
enthousiasme universel.

Je crois que ceux qui se réjouirent le plus de la douce
obstination du Pape furent les liturgistes. Pour le mouvement liturgique, le concile venait à point. Cinquante années
d'études et d'expériences avaient préparé une réforme. Sans
doute était-elle déjà commencée, mais elle avançait lente-
ment et timidement. Elle dépendait toujours de la Congrégation des Rites dont le préfet, le cardinal Cicognani, n'était
pas une lumière. La convocation du concile obligerait
sans doute Rome à adopter des méthodes de travail plus
efficaces et à prendre des initiatives plus hardies. Les liturgistes se sentaient en mesure d'assumer leur tâche. Je fus
un des tout premiers à être nommé consulteur de la Com-

mission préconciliaire. Je m'en réjouis, non pas pour mon compte personnel, mais parce que le Père Gy et l'abbé Jounel étaient nommés en même temps que moi. Mais je constatai avec amusement que cette nomination causait quelque désappointement à d'autres qui n'avaient pas été nommés. L'un d'eux m'expliqua que cela n'avait aucune importance et que ces consulteurs n'auraient rien à dire. Heureusement il fut nommé lui-même quelque temps après, et il montra un zèle digne d'éloge. Pour ma part, je ne me souciais pas de ce que j'aurais à faire ou à ne pas faire. Il me suffisait de constater que l'Institut de Paris était pris au sérieux, puisque ses professeurs étaient nommés en priorité.

Avant de parler des travaux auxquels je fus associé, je tiens à dire mon admiration pour celui qui organisa tout le travail, le Père Bugnini. Il est de ces ouvriers modestes qui restent dans l'ombre, mais sans qui rien ne se ferait. Sa tâche de secrétaire était difficile et délicate. Il fallait ménager les susceptibilités nationales en sauvegardant la qualité et le sérieux du travail. Il convenait en effet d'inviter des liturgistes des différents pays à collaborer à la réforme; mais la nationalité n'est pas un critère de compétence, et il fallait veiller surtout à ce que les divers problèmes soient traités par les hommes les plus qualifiés. Il ne s'agissait d'ailleurs que d'un premier temps de travail. Le rôle des Pères du concile n'était pas d'approuver une réforme toute faite qu'on leur présenterait dans tous ses détails, mais de fixer les principes et les orientations générales d'une réforme. L'application pratique de ces principes ne pourrait être faite qu'après le Concile. On devait éviter de se perdre dans les détails concrets, mais rechercher dans l'étude de la tradition et dans l'expérience pastorale les grands principes d'une réforme pour notre temps.

Personnellement, j'ai fait partie de trois sous-commissions : celles de la langue vivante, de la concélébration et de l'enseignement de la liturgie.

Le problème de la langue liturgique se posait avec une acuité de plus en plus grande et il avait soulevé de vives controverses. Il est vrai que la discipline s'était assouplie. Rome avait autorisé la rédaction de rituels bilingues et de lectionnaires en langue vivante. Mais cela se faisait sous forme d'indult accordé à des Églises locales, comme des dérogations à une loi générale toujours en vigueur : la langue liturgique de la liturgie romaine est le latin. Cependant beaucoup estimaient ces concessions insuffisantes et souhaitaient, pour des raisons pastorales, l'extension de la langue vivante.

Toutefois cette tendance se heurtait à une tradition millénaire. Une fois sortie de Palestine, l'Église adopta comme mode d'expression la langue grecque. Mais, à mesure qu'elle progressait, elle accepta les langues de culture parlées dans les diverses régions, comme le syriaque et le copte en Orient. En Occident, la seule langue de culture était le latin, et il le resta durant tout le moyen âge. En face de lui il n'y avait que l'émiettement des dialectes romans ou germaniques. Un changement de langue liturgique n'était guère possible avant le début du XVIe siècle. Or cela coïncida avec la Réforme, et les Réformateurs se déclarèrent partisans des langues vivantes. Dès lors le problème était faussé : de linguistique, il devenait théologique. L'emploi des langues vivantes permettrait aux Réformateurs de répandre leurs idées dans le peuple. Le maintien du latin paraissait nécessaire à la sauvegarde de l'orthodoxie.

Le raidissement du concile de Trente s'explique par les circonstances, mais quatre siècles avaient passé depuis lors et les conditions avaient changé. Il fallait tenir compte de l'expansion missionnaire. Le problème ne se posait plus seulement pour les pays de vieille culture classique, mais pour les jeunes Églises d'Asie et d'Afrique étrangères à cette culture. Il était impossible que le Concile n'examine pas de nouveau le problème.

De fait, il y eut une sous-commission chargée d'étudier

la question. Le relator était Monseigneur Borella, de Milan, le secrétaire, le Père Brinkhof, franciscain hollandais. J'étais parmi les consulteurs. Cette sous-commission ne s'est jamais réunie, du moins à ma connaissance; mais j'appris par le Père Brinkhof que cela n'avançait pas. Je pris alors l'initiative d'écrire moi-même un rapport que j'envoyai au Père Brinkhof. Celui-ci le fit polycopier et l'envoya à tous les membres de la sous-commission.

Je notais tout d'abord que, le Concile étant œcuménique, il devait énoncer des principes valables aussi bien pour l'Orient que pour l'Occident. Il fallait ensuite montrer par l'histoire quelle était la véritable tradition de l'Église et renoncer aux faux arguments théologiques dont on s'était servi. Ainsi le principe des trois langues sacrées fixées par l'inscription de la croix en hébreu, grec et latin. Tout d'abord on ne voit pas quelle compétence avait Pilate pour définir les langues sacrées. Et surtout, c'était un contresens. Car l'hébreu, en l'occurrence, n'est pas la langue de l'Ancien Testament, mais la langue parlée alors en Palestine, l'araméen. Si l'on veut donner au passage un sens prophétique, il ne s'agit pas de langues sacrées, mais de langues vivantes : il fallait que l'inscription fût comprise de tous ceux qui passaient, et elle était rédigée en araméen, c'est-à-dire dans la langue vivante du pays, en grec, qui était la langue internationale, et en latin, qui était la langue officielle de l'empire. Le latin n'est donc pas plus langue sacrée que le syriaque, le copte ou l'éthiopien. Il est tout aussi erroné de rattacher l'usage du latin à une prétendue loi de l'arcane, comme si l'on voulait cacher au peuple le sens des paroles sacrées. Une telle idée est non seulement étrangère, mais contraire à la pratique de l'Église des premiers siècles.

Les faits historiques parlent par eux-mêmes. Dès que l'Église a rencontré dans une région une langue de culture dotée d'un système d'écriture, elle l'a adoptée pour la lecture de la Bible et pour sa liturgie. Certaines liturgies orientales se célèbrent aujourd'hui dans des langues aussi mortes que le latin. Mais quand elles ont été adoptées, elles étaient bien vivantes. Le latin ne fait pas exception. Il s'est imposé à tout l'Occident parce qu'il était la seule langue de culture accessible au peuple.

On ne pouvait donc opposer à l'emploi des langues vivantes aucune objection de principe. La question qui se posait était celle de l'opportunité du changement et, de cela, seules les autorités de l'Église pouvaient décider. Il fallait juger d'après l'efficacité du changement possible, en tout ou en partie, en tenant compte de l'expansion missionnaire de l'Église.

Monseigneur Borella s'inspira de mon rapport pour rédiger un schéma qui me parut fort bon et l'envoya à Rome. On lui en accusa réception, mais on lui fit savoir en même temps que son rapport était classé dans les archives. C'est-à-dire que ce schéma ne fut pas discuté et que la sous-commission sur la langue vivante n'avait plus rien à faire.

De fait, quand on lit la Constitution sur la liturgie de Vatican II, on constate que le problème de la langue liturgique n'y est traité nulle part ex professo. Il n'en est question qu'accidentellement, par exemple à propos des sacrements.

Qui a écarté de la discussion le rapport de Monseigneur Borella, et dans quelle intention? Je n'en sais rien et on ne peut faire que des conjectures. A-t-on voulu escamoter le problème purement et simplement, ou au contraire rendre la solution plus facile en évitant une discussion de principe qui risquait d'être passionnée et orageuse? Je ne vois pas le moyen de répondre à la question pour le moment.

J'ai fait aussi partie de la sous-commission de la concélébration. Dom Capelle était relator et moi-même secrétaire. Les autres membres étaient l'évêque de Linz, le chanoine Martimort et l'abbé Hänggi, alors professeur à Fribourg en Suisse. C'est dans cette ville que se tint une seule réunion. A vrai dire, la voie nous était toute tracée. Comme je l'ai raconté plus haut, la question avait été traitée à la réunion internationale tenue en 1954 au Mont César, et on n'était pas parvenu à un accord. Le groupe allemand voulait faire reconnaître comme valide une concélébration silencieuse. Depuis lors, il y avait eu deux documents officiels : un décret du Saint-Office et le discours de Pie XII après le congrès d'Assise en 1956, exigeant la récitation du récit de l'institution par tous les concélébrants. Il nous était impossible de revenir en arrière. Nous étions victimes de la manière dont on avait abordé le problème. Il s'était posé à propos des réunions où des prêtres se trouvaient en grand nombre, comme les retraites sacerdotales. Ils pouvaient assister ensemble à une messe commune. Mais alors ils ne célébraient pas « leur » messe. On organisait donc des séries interminables de messes privées sur des autels improvisés. La concélébration apparut comme un moyen commode pour que tous pussent célébrer ensemble leur messe. C'est-à-dire qu'elle était la synchronisation de plusieurs messes et non un acte collégial du presbyterium. Le problème était encore compliqué par celui des honoraires de messe. De nos discussions sortit un rapport plus prudent que profond. Il était inutile de renouveler l'expérience de 1954.

La troisième sous-commission dont je fis partie était chargée de régler l'enseignement de la liturgie. Elle ne se réunit jamais à ma connaissance. Mais je reçus un jour un rapport qui donnait d'utiles recommandations : le professeur devait étudier la liturgie sous tous ses aspects, biblique, théologique, pastoral. J'étais tout à fait d'accord, mais cela me semblait manquer un peu de réalisme. Pour faire des cours, il faut tout d'abord avoir des professeurs compétents, et rien n'était prévu pour leur formation. Je proposai qu'on ajoute que les futurs professeurs de liturgie seraient formés dans des instituts spécialisés. C'était peut-être un peu audacieux, car il n'existait alors que deux instituts de ce genre : celui de Paris et celui de Saint-Anselme à Rome. Cependant on fit droit à ma requête et on admit la nécessité d'une formation spéciale. Pour le reste, j'étais tenu au courant par les papiers qu'on m'envoyait de Rome, et par ce que me disaient mes deux collègues de l'Institut de Paris, le Père Gy et l'abbé Jounel, qui allaient régulièrement aux sessions romaines. Il me semblait que tout allait bien. Le Père Bugnini avait adopté la bonne méthode de travail. Au lieu de mettre les consulteurs devant un schéma préfabriqué en leur demandant d'y souscrire, comme cela s'était fait en d'autres matières, il avait pris le parti de faire travailler les consulteurs. Il s'était rendu compte de l'importance du travail fait dans les réunions internationales. Il avait sous la main des équipes d'hommes compétents en matière historique et ouverts aux problèmes pastoraux. De plus, ces équipes avaient déjà travaillé ensemble depuis plus de dix ans. La Constitution sur la Liturgie devait être l'aboutissement du mouvement liturgique. Les orientations de la réforme proposées aux Pères devaient avoir une base théologique et s'appuyer sur la tradition authentique, mais en même temps tenir compte des nécessités pastorales et s'adapter au monde actuel, veiller notamment à la simplicité et à la vérité des rites.

Je n'ai pas assisté aux discussions du Concile sur le schéma qui lui était présenté. D'après ce que m'ont dit des témoins, il fut bien accueilli par l'ensemble des Pères. Cependant, il y eut une surprise à l'ouverture du Concile.

Alors que tout le travail s'était fait sous la direction discrète et efficace du secrétaire, le Père Bugnini, lorsqu'il s'agit de proposer aux Pères du Concile le schéma ainsi élaboré, le Père Bugnini fut mis de côté et remplacé par le Père Antonelli, de la Congrégation des Rites. En droit strict, il n'y avait rien à redire. Mais dans ces circonstances, cette mesure devait apparaître comme une disgrâce pour le Père Bugnini. Certains membres de la Curie étaient mécontents du schéma, qu'ils jugeaient trop progressiste, et ils tournèrent leur mauvaise humeur contre le Père Bugnini. Cependant cette basse manœuvre ne réussit pas. Le vote des Pères montra que le schéma répondait bien dans son ensemble aux vœux de la majorité.

Les Pères avaient dû élire parmi eux un rapporteur. Leur choix se porta sur Monseigneur Calewaert, évêque de Gand. Les futurs historiens du Concile se demanderont peut-être quelles furent les raisons de ce choix. Je puis leur suggérer une explication. J'ai très bien connu Monseigneur Calewaert, avec qui j'ai chahuté sur les bancs de l'Université de Louvain. Il n'avait aucune compétence en matière de liturgie et ne s'était jamais intéressé au mouvement liturgique. Il avait assisté au congrès de Lugano; mais il m'avait avoué que c'était à la demande du cardinal Van Roey, qui souhaitait y voir un représentant de l'épiscopat belge. Il était là en service commandé. Qu'est-ce qui avait pu attirer les suffrages sur son nom? Ce fut, je crois, un simple quiproquo. Il y avait eu un liturgiste belge éminent qui portait à peu près le même nom, Monseigneur Camille Callewaert (avec deux l), dont j'ai parlé plus haut, président du Séminaire de Bruges, décédé depuis quelques années seulement. La différence d'orthographe des noms était trop légère pour éviter la confusion et je suis persuadé que nombre de Pères ont cru voter pour l'illustre liturgiste.

Une fois la Constitution sur la Sainte Liturgie approuvée et promulguée, le travail n'était pas terminé, car elle ne contenait que les principes et les directives générales de la réforme. Il fallait maintenant faire passer ces principes dans les faits, c'est-à-dire procéder à la réforme des divers livres liturgiques du rite romain. Normalement, cela rentrait dans la compétence de la Congrégation des Rites. Mais les réformes demandées par le Concile étaient trop importantes pour que le personnel ordinaire de la Congrégation suffise à la tâche. On créa donc un organisme nouveau chargé de l'exécution des décisions du Concile.

14

Le Consilium

L'exécution de la réforme prescrite par le Concile de Vatican II fut confiée à un nouvel organisme, parallèle à la Congrégation des Rites, nommé *Consilium ad exsequendam Constitutionem de sacra liturgia.* Je l'appellerai simplement le Conseil. Il était présidé par le cardinal Lercaro, archevêque de Bologne, et le secrétariat en fut confié au Père Bugnini. Ce n'était qu'une juste réparation de la disgrâce qu'il avait subie au début du Concile. Il fit preuve des mêmes qualités d'organisateur qu'il avait montrées dans la préparation de la Constitution sur la Liturgie.

Le Conseil était constitué de deux groupes différents. Il y avait tout d'abord une quarantaine de membres proprement dits — pour la plupart cardinaux ou évêques — qui avaient voix délibérative. Ensuite il y avait le groupe des consulteurs, beaucoup plus nombreux, chargés de préparer le travail. On y retrouvait naturellement la plupart de ceux qui avaient fait partie de la Commission préconciliaire, mais il y avait beaucoup de nouvelles figures. Visiblement on tenait à ce que toutes les tendances et tous les pays soient représentés. Du Mont César nous étions quatre : le Père

Abbé Rombaut Van Doren, dom Placide Bruylants, dom François Vandenbroucke et moi-même. Les consulteurs furent répartis en un certain nombre de groupes, chargés chacun d'un secteur bien déterminé. Chaque groupe était présidé par un relator qui devait organiser le travail comme il pouvait. Ce n'était pas toujours commode, car les consulteurs étaient dispersés dans l'espace. J'étais relator pour la première partie du Pontifical, et mes collaborateurs habitaient Aix-la Chapelle, Munster-en-Westphalie, Strasbourg, Paris et Rio de Janeiro.

Périodiquement il y avait des réunions générales à Rome. Il y avait deux sessions : l'une pour les consulteurs, l'autre pour les membres proprement dits. A la première, chaque relator était invité à son tour à soumettre le résultat des travaux de son groupe à l'ensemble des consulteurs réunis. Cette critique se faisait sur un texte écrit. Le relator devait envoyer à l'avance au secrétariat un rapport dont une copie était transmise à tous les consulteurs. Les séances se tenaient le plus souvent au Palazzo Santa Marta, derrière la basilique Saint-Pierre, dans la grande salle du rez-de-chaussée. On s'asseyait autour d'une suite de grandes tables. Le cardinal Lercaro se plaçait au fond, à un petit bout de la table, le Père Bugnini à sa droite, le relator à sa gauche. Celui-ci lisait son rapport ligne par ligne et répondait aux questions qu'on lui posait et aux objections qu'on lui faisait. Tous pouvaient prendre la parole et proposer des corrections. La discussion s'engageait et on essayait de trouver une solution qui satisfaisait la majorité. Cependant ces réunions des consulteurs, qui duraient une semaine, n'avaient d'autre rôle que de préparer les réunions des cardinaux et évêques membres du Conseil, qui avaient seuls voix délibérative. Après quelques jours de repos, s'ouvrait donc la session des évêques. Cette fois, c'étaient eux qui prenaient place autour des tables. Les consulteurs pouvaient assister aux séances. Ils s'asseyaient où ils pouvaient sur des chaises le long des murs. Ils avaient le droit de demander la parole, mais ils ne participaient pas au vote. Le relator, assis à la gauche du cardinal Lercaro, lisait de nouveau son rapport en tenant compte des observations et des corrections proposées par les consulteurs. Quand la discussion n'aboutissait pas à un accord, on recourait au vote. Dans la plupart des cas, c'était un vote à main levée. Dans des cas plus graves, on recourait au vote secret. C'était alors au relator à poser la question. C'est du moins l'usage qui a été suivi tant que le cardinal Lercaro a été président du Conseil. Quand il eut été remplacé par le cardinal Gut, il arriva une fois que celui-ci voulut lui-même proposer un vote à ma place. Je m'y opposai fermement et il dut s'incliner. Quand un projet avait été ainsi examiné partie par partie, on reprenait son examen dans son ensemble et le dernier vote du Conseil était considéré comme définitif. Le projet pouvait être soumis à l'approbation du Pape.

Je tiens à entrer dans ces détails, car il importe de savoir comment s'est faite la réforme liturgique. Elle a suscité dans le public bien des discussions qui ont dégénéré parfois en querelles de partisans. Ainsi j'ai lu récemment dans un hebdomadaire parisien l'avis d'un dominicain bien connu. Pour lui, la nouvelle liturgie est l'œuvre de quelques hommes de gauche sans culture et ignorants de la tradition. Je suis bien fâché de contredire ce bon Père, mais la plupart des consulteurs que j'ai rencontrés m'ont paru assez cultivés et, en tout cas, ils connaissaient très bien la tradition liturgique. Quant à leur opinion politique, je n'en puis rien dire, parce que cela n'intervenait pas dans la discussion. On trouvait chez les consulteurs des tendances différentes, mais il serait faux de croire que l'assemblée était divisée en une droite hostile à tout changement et une gauche prête à tout chambarder. Presque tous étaient persuadés qu'une réforme était nécessaire, mais ils n'étaient pas toujours d'accord sur les moyens. Ils discutaient sérieusement pour trouver une solution et il arrivait souvent qu'après discussion on obtenait une quasi unanimité.

Si la réforme liturgique n'est pas un chef-d'œuvre, il faut au moins reconnaître qu'elle est le résultat d'un travail honnête et consciencieux. Je n'ai rencontré, pour ma part, qu'un cas d'obstruction systématique. C'était un personnage important qui déplaçait beaucoup d'air et avait le verbe haut. Quand il était présent, il n'y en avait que pour lui. Il accaparait le micro, reprenait à son compte toutes les objections qu'on pouvait faire, en ajoutait quelques-unes de son cru et disait n'importe quoi. Sa tactique était limpide : il cherchait à faire traîner le travail le plus longtemps possible. Malheureusement pour lui, il ne sut pas juger jusqu'où on peut aller sans aller trop loin, et un beau jour il se trahit. Je proposais au Conseil le texte d'une allocution que nous avions composée pour le sacre d'un évêque. J'avais à peine terminé que j'entendis prononcer d'un ton péremptoire : « L'ancienne allocution était meilleure. » Mon interlocuteur voulut développer sa pensée, mais je saisis le micro qui était devant moi et je lui coupai la parole en lui demandant où se trouvait cette allocution dans le Pontifical. Il voulut filer par la tangente, mais je le ramenai à la question. Il me regarda d'un air ahuri. J'ajoutai : « Ne cherchez pas, c'est inutile; il n'y a jamais eu d'allocution pour le sacre d'un évêque dans le Pontifical. » On entendit fuser quelques rires discrets suivis d'un silence. Notre allocution fut approuvée sans difficulté.

Le travail du Conseil partait, comme je l'ai dit, des rapports écrits des différents groupes de consulteurs. Comment s'élaboraient ces rapports? C'était au relator à organiser le travail et tous ne procédaient pas de la même manière. Tout ce que je puis faire, c'est indiquer ce que j'ai fait pour le groupe dont j'étais relator.

Nous étions chargés de la réforme du premier livre du Pontifical, c'est-à-dire en ordre principal des ordinations.

J'avais au début cinq consulteurs. Tout d'abord le secrétaire, l'abbé Kleinheyer, alors professeur au Séminaire
d'Aix-la-Chapelle. C'était le plus jeune, mais il venait de se
signaler par une thèse remarquable sur l'ordination du
prêtre dans le rite romain. L'abbé Vogel, professeur à Strasbourg, avait pris la succession de Monseigneur Andrieu
pour l'édition des *Ordines Romani* et du Pontifical Romano-
germanique. L'abbé Lengeling était alors professeur de
liturgie à Munster-en-Westphalie. Il est aujourd'hui doyen
de la Faculté de Théologie. L'abbé Jounel était et est toujours
professeur à l'Institut Supérieur de Liturgie de Paris. Enfin
il y avait Monseigneur Nabuco, prélat brésilien, auteur d'un
Commentaire du Pontifical romain, décédé depuis quelques
années. Il ne nous fut pas d'une grande utilité, car il ne s'était
pas adapté à notre méthode de travail par correspondance.
Il ne répondait pas aux questions qu'on lui posait mais,
quand il était en Europe, il me harcelait pour que je convoque une réunion du groupe. Malheureusement les autres
n'étaient pas disponibles à ces moments-là et je ne pouvais
lui donner satisfaction. Plus tard, nous avons coopté le
Père Lécuyer, alors professeur au Séminaire Français de
Rome, aujourd'hui Supérieur général de la Congrégation du
Saint-Esprit.

Le plus gros du travail fut donc fait par correspondance.
Je rédigeais un premier projet avec le secrétaire. Nous étions
géographiquement assez proches l'un de l'autre : de Louvain
à Aix-la-Chapelle, il n'y a que deux heures de train ou de
voiture, si bien que nous pouvions nous rencontrer facilement. Ce projet était envoyé aux autres consulteurs. Ceux-ci
nous communiquaient leurs critiques et leurs remarques.
Nous essayions alors de modifier le projet en tenant compte
de ces remarques et nous le soumettions de nouveau à la
critique des autres. A un moment donné, nous avons
commencé une révision à trois : le secrétaire, le Professeur
Lengeling et moi-même. Après avoir communiqué nos

résultats aux autres, nous avons fait quelques réunions générales. Elles furent peu nombreuses et très brèves. Je me souviens que pour la dernière nous avions prévu deux jours à Paris; mais dès le premier jour nous avions terminé.

D'autres chefs de groupe ont procédé autrement et ont multiplié des réunions générales parfois très longues. Je n'ai pas à les critiquer, mais je peux constater que nous avons été les premiers à présenter un schéma définitif, approuvé par le Conseil et par le Pape. Cela tient, je crois, à la compétence particulière des consulteurs qu'on m'avait adjoints, et plus spécialement à celle du secrétaire. Les rapports que nous présentions au Conseil ne comportaient pas seulement le texte d'un nouveau rituel, mais étaient munis d'un apparat justificatif. Cet apparat, c'était le secrétaire qui le rédigeait, avec un soin remarquable. Tous les changements que nous apportions étaient justifiés d'avance, ce qui facilitait la discussion. Je conserve un excellent souvenir de ce travail fait en commun. Il n'y avait chez nous ni droite ni gauche, mais un même désir de répondre aux directives données par le Concile.

J'ai décrit le fonctionnement normal du Conseil. Je dois ajouter qu'il fut parfois entravé par des interventions extérieures. Ce n'était pas la faute du cardinal Lercaro ni celle du Père Bugnini, qui jouèrent toujours loyalement le jeu. Ainsi, dans le premier rapport que je remis sur les ordinations, je proposais la suppression des ordres mineurs à l'exception du lectorat. On me fit savoir que, si je maintenais cette proposition, mon rapport serait arrêté. On ne me dit pas d'où venait cette opposition. J'ai de bonnes raisons de croire qu'elle venait de Paul VI. Il y a d'autres cas où des gens mécontents d'une décision du Conseil ont essayé de la faire annuler en recourant au Pape.

On fut surpris un beau jour d'apprendre que le cardinal Lercaro était déchargé de la présidence du Conseil et remplacé par le cardinal Gut. C'était doublement scandaleux.

Tout d'abord la manière dont il fut mis à la retraite. Il avait offert sa démission pour raison d'âge, mais elle avait été refusée. Il remplissait sa mission à la satisfaction de tout le monde. Or un beau jour un messager vint lui signifier que sa démission était acceptée. Cela n'avait rien à voir avec la liturgie mais avec la politique. Non moins scandaleuse, la nomination du cardinal Gut. C'était un homme usé et parfaitement incompétent en matière de liturgie. Il le reconnaissait d'ailleurs, mais cela ne l'empêchait pas d'intervenir à contretemps dans des questions où il ne connaissait rien. Heureusement le Père Bugnini était resté secrétaire, et il veillait à limiter les dégâts.

Le Conseil a été dissous avant d'avoir terminé son travail. Il y a quelque temps, j'ai reçu une lettre de Rome pour me remercier de mes bons et loyaux services et me faire savoir que le Conseil n'existait plus. Désormais c'est la Congrégation du Culte divin, héritière de la Congrégation des Rites, qui est chargée de l'achèvement du travail. On a gardé cependant quelques consulteurs du Conseil, qui sont ainsi devenus consulteurs de la Congrégation du Culte divin, et le Père Bugnini, devenu archevêque titulaire, est secrétaire de cette congrégation.

Comment expliquer que la réforme reste inachevée et que, visiblement, la suite traîne? On peut invoquer l'ampleur de l'entreprise et sa difficulté. Il se peut aussi que tous les groupes de travail n'aient pas eu le même rythme. Mais cela ne suffit pas. Pourquoi, par exemple, le rituel de la confirmation a-t-il attendu trois ans avant d'être publié? Ce n'est pas la faute du Conseil. C'est au contraire parce qu'on n'a pas voulu lui faire confiance. Avant de recevoir l'approbation définitive du Pape, un schéma doit être soumis à la censure de plusieurs congrégations romaines, notamment celles de la Foi, des Sacrements et des Rites. Tout peut être remis en question, comme j'en fis l'expérience à propos des rites d'ordination. Je reviendrai plus loin sur cet épisode. On comprend que cette méthode constitue un frein efficace et que le travail n'avance pas à un rythme normal. Il faut aussi tenir compte de ce fait pour juger l'œuvre du Conseil. Les textes promulgués ne sont pas toujours exactement ceux qui ont été votés par le Conseil. Ils ont été manipulés par des gens qui lui étaient étrangers et dont la compétence est parfois discutable.

Je n'ai pas à faire ici l'apologie de la réforme liturgique. Comme toute œuvre humaine, elle est imparfaite et on peut critiquer certains points. Mais il faut rendre hommage à ceux qui ont organisé le travail du Conseil, le cardinal Lercaro et le Père Bugnini. Le cardinal Lercaro a toujours été un président modèle, accueillant pour tous, impartial et respectueux de toutes les opinions. On lui reprocherait plutôt d'être trop effacé et trop soucieux de ne pas influencer le vote de l'assemblée. Quant à Monseigneur Bugnini, il fut égal à ce qu'il avait été lors de la préparation du Concile, organisant le travail en restant lui-même dans l'ombre.

Lors de la préparation du Concile, j'avais évité les déplacements. Quand le Conseil fut institué, je fus obligé à faire de fréquents séjours à Rome, lorsque je devais prendre la parole devant l'assemblée. Je les faisais aussi courts que possible. Comme il y avait deux sessions successives, celle des consulteurs et celle des Pères, j'avais obtenu de parler le dernier jour de la première et le premier jour de la seconde. J'avais donné comme prétexte qu'après trois jours je devenais anticlérical et qu'après huits jours je risquais de perdre la foi. Ce n'était qu'une boutade, mais je dois dire que je supportais mal l'atmosphère de Rome. J'aime pourtant beaucoup l'Italie, et j'ai gardé un excellent souvenir de séjours à Vérone, Florence et Venise. Mais Rome, c'était autre chose. Il y avait trop de rouge, de violet et de soutanes. Je logeais au Pensionato romano. C'est un vaste bâtiment de six étages, situé à la via Traspontina, non loin du Vatican. C'était confortable et d'une propreté méticuleuse. Mais la cuisine

était insipide et l'atmosphère purement cléricale. Mon seul
dérivatif était d'aller prendre mes repas dans de petits
restaurants populaires des ruelles avoisinantes où je me
sentais plus à l'aise.

Je ne voudrais cependant pas laisser l'impression que je
n'ai conservé que de mauvais souvenirs de ces séjours. J'y
ai retrouvé de vieux amis et fait la connaissance de nouveaux,
avec qui j'ai eu la joie de travailler au service de l'Église.
Nous l'avons fait en toute conscience, sans aucun esprit
partisan. Il faudra attendre le recul du temps pour juger
sainement de la valeur de la réforme. Je suis persuadé que
le jugement de l'histoire nous sera favorable.

Il me reste à parler plus en détail de quelques réformes
auxquelles j'ai été personnellement mêlé : les rites d'ordination, la messe et la confirmation.

15

Les rites d'ordination

Le livre premier du Pontifical romain contient les consécrations de personnes, réservées à l'évêque. C'est par là que le groupe dont j'étais relator commença son travail. J'ai dit plus haut de quelle manière j'ai travaillé avec une équipe de consulteurs particulièrement compétents. Le premier rapport que je transmis au Conseil contenait un plan général qui englobait tous les ordres, majeurs et mineurs. Or pour ces derniers, j'envisageais la suppression de plusieurs d'entre eux, qui ne répondaient plus à un usage réel. En réponse, le Père Bugnini me fit savoir que, si je maintenais cette proposition, mon rapport serait arrêté. Il n'y avait qu'une chose à faire : laisser provisoirement de côté les ordres mineurs et commencer par les ordres majeurs.

La réforme de ces rites posait des problèmes délicats. Le Pontifical s'est formé progressivement, entre le Ve siècle et la fin du XIIIe, en grande partie en dehors de Rome. Il contenait des éléments d'origine et de valeur très diverses. L'élément essentiel, l'imposition des mains, était comme noyé sous une masse de rites secondaires. De plus, certaines formules étaient inspirées par la théologie médiévale et devaient être corrigées. Ainsi les théologiens du moyen âge considéraient que le rite essentiel pour l'ordination du prêtre était la tradition de la patène et du calice. Or ce n'était pas compatible avec la Constitution apostolique *Sacramentum ordinis* de Pie XII, qui avait rétabli la primauté de l'imposition des mains. On pouvait garder le rite de la tradition de la patène et du calice, mais on ne pouvait maintenir la formule qui l'accompagnait : « Reçois le pouvoir de célébrer la messe tant pour les vivants que pour les morts. » Car le pouvoir de célébrer la messe est donné au prêtre par la seule imposition des mains. De plus, le texte s'était chargé de symbolismes discutables. Ainsi, la mitre symbolisait les deux cornes de Moïse à sa descente de la montagne. Les cérémonies de vêture étaient interminables. Les instructions données par le Concile prescrivaient de rendre aux rites leur simplicité et leur vérité, afin que les rites et les prières soient pour le peuple une catéchèse sur les ordres sacrés. C'est pourquoi nous avons écarté la solution radicale qui aurait consisté à ramener les ordinations à ce qu'elles étaient au Ve siècle, en supprimant les rites accessoires ajoutés au cours des temps. Car ces rites, judicieusement choisis, pouvaient être un élément de catéchèse. Nous sommes donc partis du Pontifical romain tel qu'il était et nous en avons fait la critique pour voir ce qu'il était possible de garder de la tradition romaine. Je ne puis exposer ici tout le détail de ce travail, mais je voudrais simplement m'arrêter à quelques problèmes plus importants.

Le principal était celui de la formule de l'ordination de l'évêque. Celle du Pontifical comprenait deux parties. La première provenait des vieux sacramentaires proprement romains, le Léonien et le Grégorien. Elles développait une seule idée : l'évêque est le grand prêtre du Nouveau Testament. Dans l'Ancien Testament, le grand prêtre était consacré par l'onction d'huile et la vêture d'ornements précieux. Dans le Nouveau, c'était l'onction de l'Esprit-Saint et l'ornement des vertus. La forme littéraire de cette partie ne rachetait pas la pauvreté de son contenu. La typologie insistait exclusivement sur le rôle cultuel de l'évêque et laissait de côté son ministère apostolique. La seconde partie était une longue interpolation, qu'on trouve pour la première fois dans le Sacramentaire gélasien. Elle est faite d'une série de citations scripturaires données en vrac et dont la plupart, mais pas toutes, se rapportent au ministère apostolique. Cette interpolation du Gélasien ne suffisait pas à rétablir l'équilibre. Pouvait-on, après Vatican II, maintenir une formule aussi pauvre? Etait-il possible de corriger et d'améliorer le texte?

Je ne voyais pas le moyen de faire quelque chose de cohérent avec les deux parties disparates de la formule. Faudrait-il créer une nouvelle prière de toutes pièces? Je m'en sentais bien incapable. Il est vrai qu'on trouverait aisément des amateurs pour faire la besogne, car il existe des gens qui croient avoir un charisme spécial pour composer des formules liturgiques. Mais je me méfie de ces amateurs. Ne serait-il pas plus raisonnable de chercher dans les rites orientaux une formule qui pourrait être adaptée? Or l'examen des rites orientaux ramena mon attention sur un texte que je connaissais bien : la prière de la *Tradition apostolique* de saint Hippolyte.

La première fois que je fis cette proposition à mes collaborateurs, ils me regardèrent d'un air incrédule. Ils trouvaient la formule d'Hippolyte excellente, mais ils ne croyaient pas qu'elle eût la moindre chance d'être retenue. Je leur dis alors que j'avais peut-être le moyen de la faire accepter. Si je m'étais arrêté à ce texte, ce n'était pas parce que je venais d'en faire une édition critique, mais parce que, en étudiant les rites orientaux, j'avais constaté que la formule était toujours vivante sous des formes plus évoluées. Ainsi dans le rite syrien, la prière pour l'ordination du patriarche n'était autre que celle du *Testament de Notre-Seigneur*, remaniement de la *Tradition apostolique*. De même dans le

rite copte, la prière pour l'ordination de l'évêque est proche
de celle des *Constitutions apostoliques*, autre remaniement
du texte d'Hippolyte. On retrouvait partout les idées essentielles de la *Tradition apostolique*. En reprenant le vieux texte
dans le rite romain, on affirmerait l'unité de vue de l'Orient
et de l'Occident sur l'épiscopat. C'était un argument œcuménique. Il fut décisif.

J'avais fourni aux Pères un tableau synoptique des différents textes avec un bref commentaire. La discussion fut
vive, et je le comprends. Ce qui emporta finalement le vote
favorable, ce fut, je crois, l'intervention du Père Lécuyer.
Il avait publié dans la *Nouvelle revue théologique* un court
article où il montrait l'accord du texte de la *Tradition apostolique* avec l'enseignement des anciens Pères. Au cours de
la séance où la question fut soumise au vote, il fit un plai-
doyer qui convainquit les hésitants. Dans la suite, nous
l'avons coopté dans notre groupe de travail, et il nous a
rendu de grands services par sa compétence théologique et
sa connaissance des Pères.

Un autre problème fut celui des allocutions. Le Pontifical
en contenait pour tous les ordres, sauf pour l'épiscopat. Elles
ont été rédigées à la fin du XIIIe siècle par Durand de Mende.
Pourquoi celui-ci a-t-il négligé d'en faire une pour l'ordination de l'évêque? On n'en sait rien. Mais la question se
posait : ne serait-il pas souhaitable qu'il y ait une allocution au début de cette ordination? Le Concile souhaitait que
le rite d'ordination soit une catéchèse pour le peuple. Nous
avons cru répondre à ses directives en prévoyant une allocution faite par le premier consécrateur. Dans notre premier projet, il n'y avait qu'une simple rubrique indiquant
le moment où elle devait se faire, car dans notre esprit elle
était laissée à la libre composition de l'orateur. Nous
n'avions donc rédigé aucun texte. Ce sont les évêques du
Conseil qui nous ont priés, avec une insistance qui nous a
étonnés, de rédiger une formule au moins à titre de modèle.

J'ai demandé alors au Professeur Lengeling de composer une allocution qui s'inspirerait des enseignements de Vatican II. Il le fit très soigneusement : c'était une excellente synthèse de la doctrine du Concile; chaque phrase était appuyée par des références précises. Cependant, le style conciliaire n'étant pas spécialement élégant, j'essayai moi-même de donner au texte une forme littéraire plus harmonieuse. Je ne sais pas si j'ai réussi, mais je suis sûr du moins de n'avoir pas trahi la pensée du rédacteur, parce qu'il m'a donné son accord.

Pour la prêtrise et le diaconat, nous avions les allocutions rédigées par Durand de Mende. Nous en avons gardé certaines formules particulièrement heureuses, mais il nous a paru nécessaire avant tout de nous appuyer aussi sur la doctrine de Vatican II.

Ces allocutions ne sont donc que des modèles dont les évêques peuvent s'inspirer. L'expérience a montré que l'insistance des évêques à réclamer ces modèles était une marque de sagesse. Après la promulgation du rituel, j'ai reçu des rapports sur les premières expériences. Le tout premier fut celui d'un bénédictin sur une ordination d'évêque faite en Afrique. Mon confrère avait rassemblé les critiques qu'il avait entendu faire. La plus grave était la réflexion de deux archevêques qui avaient trouvé l'allocution d'une affligeante pauvreté doctrinale. En remerciant mon confrère, je lui demandai un complément d'information. Après enquête, il me répondit que l'allocution en cause était une composition de l'évêque consécrateur et n'avait rien à voir avec celle du nouveau Pontifical. Quelque temps après, j'entendis à la radio une allocution faite à une ordination en Belgique. C'était banal et superficiel, un discours d'apparat, non une instruction pour le peuple qui n'en savait pas plus après qu'avant sur le rôle de l'épiscopat. Et c'est dommage, car il y a d'étranges confusions en ce domaine, non seulement chez les laïcs, mais chez nombre de prêtres. Pourtant, un des mérites de Vatican II a été de remettre en valeur le rôle de l'épiscopat et il donne sur ce point une doctrine claire et ferme.

Le dernier point sur lequel nous avons eu un problème est le scrutin qui précède l'ordination de l'évêque. C'est une vieille tradition qui avait été gardée par le Pontifical. Le consécrateur posait à l'élu une série de questions en présence du peuple. Il fallait sans doute garder cet usage vénérable, mais le scrutin visait l'orthodoxie du candidat par rapport à des hérésies qui n'ont plus aujourd'hui qu'un intérêt historique. Il nous a semblé préférable de faire porter l'examen sur les engagements de l'évêque à l'égard de l'Église et de son peuple. J'ai rédigé moi-même un questionnaire que j'ai soumis à la critique de mes consulteurs. Nous l'avons proposé au Conseil qui l'a bien accueilli et nous a aidés à le mettre au point. Il constitue un complément utile à l'allocution du consécrateur.

Il nous a semblé qu'un tel scrutin serait utile aussi pour l'ordination du prêtre et du diacre. C'est là une innovation qui nous a paru répondre au souhait du Concile que les rites soient parlants et servent de catéchèse pour le peuple.

Je ne puis entrer dans le détail des changements que nous avons introduits pour rendre aux rites leur vérité et leur simplicité. Je signale seulement la suppression, dans l'ordination du prêtre, de la deuxième imposition des mains qui se faisait vers la fin de la cérémonie. C'était un usage très tardif, inconnu de l'ancienne tradition romaine. On doutait d'ailleurs de sa nécessité pour la validité de l'ordination, mais la jurisprudence exigeait qu'on y supplée si elle avait été omise. J'ai vu un cas assez curieux. La première ordination que fit Monseigneur Van Roey, archevêque de Malines, eut lieu à l'abbaye de Saint-André. Or, arrivé à la dernière imposition des mains, l'archevêque, au lieu de dire la formule traditionnelle : « Accipe Spiritum Sanctum », dit très distinctement : « Accipe spiritum meum. » Personne n'en dit rien à Monseigneur Van Roey, mais après son départ, on se demanda ce qu'il fallait faire. Les autorités consultées déclarèrent qu'il fallait suppléer à cette imposition. On conduisit alors les jeunes prêtres à l'évêché de Bruges où l'évêque recommença l'imposition des mains avec la formule exacte. De tels cas ne se rencontreront plus désormais, car cette seconde imposition des mains est supprimée.

Le schéma pour l'ordination de l'évêque, du prêtre et du diacre fut le premier à être approuvé définitivement par le Conseil, et il fut transmis au Pape. Il fut tout d'abord arrêté pendant des mois pour une raison de détails. Nous avions supprimé à l'ordination de l'évêque le chant du *Veni creator*, parce qu'on ne pouvait le maintenir à sa place traditionnelle. Il se chantait immédiatement après l'imposition des mains, au moment de procéder à l'onction de l'élu. C'était un contresens, car cela faisait croire que l'Esprit n'était pas encore venu et que le rite essentiel commençait. Or le seul rite essentiel, l'imposition des mains, était achevé. Le Conseil nous avait approuvés à une large majorité. Mais un consulteur mécontent de cette décision s'adressa directement au Pape, et celui-ci prit la chose à cœur. Il fallut trouver une autre place pour le *Veni creator*.

On décida alors de mettre le nouveau rituel en usage à l'occasion de l'ordination de Monseigneur Hänggi, évêque nommé de Bâle. Mais avant d'obtenir l'approbation définitive du Pape, le projet devait encore être soumis à la critique des Congrégations romaines intéressées. C'est ainsi que je fus convoqué à Rome, devant une commission mixte composée de représentants des Congrégations de la Foi, des Sacrements et des Rites.

Cette dernière avait procédé d'une manière tout à fait correcte : elle m'avait envoyé une série de remarques écrites. J'avais eu le temps de les examiner. Certaines me parurent judicieuses et j'acquiesçai immédiatement. D'autres l'étaient

moins, mais je pouvais préparer une réponse. Malheureusement les deux autres Congrégations n'eurent pas la même
attitude et leurs représentants attendirent d'être en séance
pour soulever une foule d'objections imprévues. Le représentant de la Congrégation de la Foi se montrait particulièrement zélé à éplucher le texte et à demander des corrections. Une expression aussi banale que « celebratio myste-
riorum » était suspecte parce qu'elle aurait pu passer pour
une approbation des théories de dom Casel. Le résultat
était que cela n'avançait pas. C'était peut-être une chance,
dans un certain sens, car cela limitait provisoirement les
dégâts à une petite partie du texte. Mais, d'autre part, si
on continuait à cette allure et avec la même méthode, je ne
voyais pas quand cela finirait, ni surtout ce qui resterait de
notre projet, car tout était remis en cause. Cela ne se serait
pas passé comme cela avec le cardinal Lercaro, mais le
cardinal Gut était incapable de mener le débat et, quand il
intervenait, c'était généralement à contresens. Le Père
Bugnini était visiblement mal à l'aise, mais il était déforcé
par l'attitude du Cardinal. Cela ne pouvait pas continuer
comme cela.

Je parvins à garder mon sang-froid pendant la première
séance, mais après, je piquai une des plus belles colères de
ma vie. Je déclarai tout net au cardinal Gut et au Père
Bugnini que, si cela devait continuer de la même manière
et dans le même esprit, je pliais bagage et je rentrais chez
moi. La commission avait sous les yeux un projet qui avait
demandé plusieurs années de travail à des spécialistes. Il
avait été revu et corrigé plusieurs fois par une quarantaine
de consulteurs du Conseil. Il avait été examiné et approuvé
par une quarantaine de cardinaux et d'évêques. Et, au dernier moment, il fallait tout changer et improviser au pied
levé des solutions nouvelles, sur l'avis d'une demi-douzaine
de bureaucrates incompétents. Aucune institution laïque ne
pourrait tenir avec de telles méthodes de travail.

Je ne sais pas comment les choses se sont arrangées, mais je suis à peu près sûr que le Père Bugnini a trouvé une solution diplomatique. Il savait que ma menace n'était pas vaine et il était lui-même excédé par la procédure. Le fait est que le casse-pied principal de la Congrégation de la Foi avait disparu à la séance suivante, et je ne l'ai jamais revu depuis lors. Au début de la seconde séance, je me permis de dire aux représentants des Congrégations ce que je pensais de leur méthode, en faisant exception pour la Congrégation des Rites, qui m'avait envoyé d'avance ses remarques. La révision avança alors à grands pas, et elle fut terminée à la deuxième séance. Le texte était prêt pour l'ordination de Monseigneur Hänggi.

Une fois réglé le problème des ordres majeurs, il fallut bien aborder celui des ordres mineurs. On m'avait empêché d'en parler dans mon premier rapport, mais rien ne m'empêchait de poser le problème, à titre privé, dans un article de revue. J'exposai donc ma position dans les *Questions liturgiques*. Je prévins loyalement mon supérieur, dom Baudouin de Bie, que cet article serait probablement mal accueilli à Rome et qu'il risquait d'avoir quelque difficulté. Mais il m'approuva sans réserve.

Mon opinion était — et est toujours — que les ordres mineurs ne répondent plus aujourd'hui à une réalité et qu'ils ne sont plus qu'une fiction juridique. L'office de portier n'est plus exercé par des clercs et les exorcistes ne peuvent exorciser rien ni personne. L'office de lecteur répond encore à un usage vivant et on peut le maintenir, mais il faut alors conférer cet ordre à ceux qui l'exercent réellement dans la plupart des églises et non aux clercs qui restent dans leur séminaire. Enfin l'ordre d'acolyte est exercé depuis des siècles par des jeunes gens ou de jeunes enfants. Il est ridicule de le conférer à des séminaristes au moment où ils vont cesser de l'exercer, à la veille du sous-diaconat, alors qu'ils ont servi la messe depuis de longues années. Il y a divorce entre les fonctions et les ordres. Quant aux raisons invoquées pour le maintien des ordres mineurs, elles ne résistent pas à un examen sérieux. On parle d'une tradition vénérable qui remonterait aux premiers siècles de l'Église. C'est faux. Toute cette législation repose sur un document apocryphe, une fausse décrétale du VIIIe siècle, attribuée au Pape Caius du IIIe siècle. Les Pères du concile de Trente croyaient encore à son authenticité, mais ce n'est plus possible au temps de Vatican II. Les documents authentiques donnent une autre image. Les ordres mineurs répondaient à des fonctions réelles, utiles à la communauté, sans que les titulaires aspirent au sacerdoce. Il est vrai qu'avant d'accéder au sacerdoce, il fallait passer par l'un ou l'autre degré inférieur. Mais c'étaient des stages effectifs dans des fonctions réelles, et non un passage fictif dans tous les ordres. Il est probable d'ailleurs que les ordres de portier et d'exorciste étaient tombés en désuétude à Rome après le Ve siècle. Un autre argument en faveur des ordres mineurs était qu'ils constituaient une bonne préparation au sacerdoce. C'était peut-être vrai il y a 50 ans, ce ne l'est plus aujourd'hui. Les jeunes sont plus exigeants que nous l'étions à leur âge, et ils ont raison. Ils n'acceptent pas volontiers des usages qui ne leur paraissent pas authentiques et qui sentent la fiction. Et ils sont bien dans l'esprit de Vatican II qui nous a demandé de rendre aux rites leur vérité.

En publiant cet article, j'espérais susciter une discussion qui fit avancer le problème. Il n'en fut rien. Les partisans des ordres mineurs ne répondirent pas, sans doute parce qu'ils n'avaient pas grand-chose à répondre, et ceux qui partageaient mon opinion gardèrent un silence prudent. Quand le problème se posa devant le Conseil, on se trouva dans une situation délicate. Normalement, la question relevait de la compétence du groupe dont j'étais relator. Mais j'avais pris position publiquement et on ne pouvait s'attendre à ce que je change d'opinion. D'autre part, si je présentais un rapport dans le même sens que mon article, je me heurterais au même veto qui avait arrêté mon premier rapport. Pour sortir d'embarras, on créa une nouvelle commission présidée par l'évêque de Livourne. On m'invita à en faire partie, mais je refusai. Je savais d'avance qu'on rechercherait une de ces solutions diplomatiques qui sont censées satisfaire tout le monde et qui ne satisfont personne. Il y a quatre ordres mineurs. Certains veulent les garder, les autres les supprimer. On coupe la poire en deux : on en supprime deux, on en garde deux. C'est bien ce qui arriva. On proposa de garder deux ordres, celui de portier qui serait conféré aux sacristains et celui d'acolyte pour les séminaristes. Quand on présenta ce projet au Conseil, je me permis de demander aux évêques présents s'ils étaient disposés à conférer l'ordre de portier aux sacristains dans leur diocèse. Ma question souleva un rire qui suffit à montrer l'irréalisme de ce projet. On en resta là.

Il y a quelques années, je reçus une lettre du cardinal Samoré, Préfet de la Congrégation des Sacrements. Il me demandait mon avis sur un problème qui lui était posé par une lettre du Secrétariat du Pape, dont il me donnait une copie. L'évêque de Rottenburg devait ordonner onze diacres mariés et il avait demandé au Pape la dispense de la tonsure, des ordres mineurs et du sous-diaconat. Vu l'urgence, le Pape avait accordé la dispense par télégramme, mais il demandait au Cardinal de lui fournir un rapport sur ce qu'il fallait faire dans des cas semblables. Dans sa lettre, le cardinal Samoré me faisait savoir que la Congrégation des Sacrements ne voyait aucun inconvénient à l'abrogation des ordres mineurs, qui ne représentaient plus aucun intérêt pour la vie de l'Église. J'envoyai donc au Cardinal un rapport dans lequel je proposais de garder comme seul ordre mineur le sous-diaconat. Il avait été exclu, par la Constitution apostolique *Pontificalis Romani*, de la liste des ordres majeurs et, par le fait même, il n'engageait plus au célibat. D'autre part, cet ordre est universel et il a des fonctions liturgiques propres. Je reçus les remerciements du cardinal Samoré avec un chèque de 10 000 lires, puis ce fut le silence pendant un certain temps.

Un beau jour, je reçus un projet de décret. L'essentiel peut être résumé en peu de mots. Les ordres de portier et d'exorciste seraient abolis. Les ordres de lecteur et d'acolyte seraient maintenus, mais ils ne pourraient être conférés qu'à ceux qui se préparent au sacerdoce. Le sous-diaconat serait supprimé, mais les fonctions du sous-diacre seraient remplies par l'acolyte, « comme on le fait depuis longtemps en Orient ».

C'est évidemment une solution diplomatique analogue à celle qui avait été proposée au Conseil. La suppression du portier et de l'exorciste s'imposait, et on s'étonne qu'il ait fallu attendre si longtemps pour qu'on s'en aperçoive. Le maintien du lecteur se justifierait si cet ordre pouvait être conféré à ceux qui en remplissent habituellement les fonctions. Mais si on réserve l'ordination de lecteur aux clercs enfermés dans leur séminaire, nous retombons dans la pure fiction. Il en est de même de l'acolytat. Il est évident que les fonctions propres de l'acolyte continueront à être exercées par des enfants ou des jeunes gens. Mais ce qui me dépasse, c'est ce qui est dit du sous-diaconat. C'est un ordre ancien et universel. Le sous-diacre a un vêtement propre, la tunique, et des fonctions bien définies : il lit l'épître à la messe solennelle, il assiste le prêtre à l'autel, il porte la croix en procession. Ces fonctions subsistent, mais l'ordre est supprimé et les fonctions sont transférées à l'acolyte, qui devient ainsi une sorte d'homme-orchestre, chargé de missions incompatibles entre elles. Mais le comble, c'est l'appel qui est fait à l'usage oriental. Il est impossible que les fonctions du sous-diacre soient confiées à l'acolyte en Orient, pour la bonne raison qu'il n'y a pas d'ordre d'acolyte. Ce qui est vrai, c'est que le sous-diaconat y est resté ordre mineur. Je ne puis expliquer cette singulière mesure que par une confusion. Le sous-diaconat est lié, dans l'usage latin, à l'engagement dans le célibat. Le rédacteur du projet a sans doute voulu éviter d'engager prématurément des jeunes gens dans l'obligation du célibat, mais il n'a pas vu que cette obligation n'existe plus. C'est peut-être un peu de ma faute. Dans la rédaction de la Constitution *Pontificalis Romani* — que j'ai préparée avec le Père Lécuyer —, nous avons estompé la réduction du sous-diaconat au rang d'ordre mineur et ses conséquences canoniques. Nous n'avons pas parlé explicitement du sous-diaconat, mais simplement déclaré que désormais ne seraient plus considérés comme ordres majeurs que l'épiscopat, la prêtrise et le diaconat. Canoniquement, c'est parfaitement clair : il est évident que le sous-diaconat n'est plus ordre majeur; par le fait même, l'obligation du célibat tombe, car il n'était imposé, aux termes du droit, que parce que le sous-diaconat était inclus dans les ordres majeurs. Mais un lecteur superficiel pouvait ne pas s'en apercevoir.

Ce projet de décret fut envoyé aux Conférences épiscopales pour information. Je ne crois pas qu'il ait soulevé beaucoup d'enthousiasme.

J'avais écrit ce qui précède le 9 septembre 1972. Le 11 du même mois, je reçus une lettre du cardinal Samoré accompagnant un document pontifical qui devait être promulgué le 14. C'était un Motu proprio de Paul VI, réglant le problème des ordres mineurs. Ce n'est pas sans quelque appréhension que j'en pris connaissance, mais je fus vite rassuré. La perspective a complètement changé. On est enfin sorti de la fiction juridique pour revenir à la vie de l'Église et à la pastorale. Il n'y a plus, au sens propre, d'ordres mineurs. Ceux de portier, d'exorciste et de sous-diacre sont abolis. Quant au lecteur et à l'acolyte, ils sont maintenus, mais ils ne sont plus comptés parmi les ordres cléricaux. Ce sont simplement des ministères, c'est-à-dire des services, qui peuvent être confiés normalement à des laïcs qui n'aspirent pas au sacerdoce. Il conviendra sans doute que les séminaristes s'acquittent également de ces services, mais c'est accidentel. Ces services ont une valeur en eux-mêmes, pour la vie de chaque Église, et leurs fonctions ont été élargies : le lecteur devient l'animateur de l'assemblée, l'acolyte remplit les fonctions du sous-diacre et devient le ministre extraordinaire de la communion. On voit le parti que pourront tirer de ces nouvelles dispositions les curés des paroisses. Je n'ai qu'un regret : c'est qu'on ait préféré l'appellation d'acolyte à celle de sous-diacre. Car, contrairement à l'acolytat, le sous-diaconat apparaît comme universel, aussi bien en Orient qu'en Occident. Mais ce n'est, somme toute, qu'une question de mots.

16
La réforme de la messe

Le problème de la réforme de la messe romaine fut abordé à la première réunion internationale en 1951 à l'abbaye de Maria Laach. C'était une réunion privée organisée par l'Institut de Trèves avec la collaboration du Centre de Pastorale Liturgique de Paris. Il n'y avait aucun représentant de la hiérarchie ni des autorités romaines. Parmi les invités figuraient les deux meilleurs historiens de la messe : le Père Jungmann et dom Capelle. Que la messe romaine eût besoin d'une réforme, personne n'en doutait. Le missel de Pie V représentait une forme de la liturgie fixée à la fin du XIII⁰ siècle, mais qui contenait des éléments d'âge et d'origine différents. C'était comme ces vieilles cathédrales qui portent les traces des divers styles qui se sont succédé au cours des temps. Si on était d'accord pour le principe, on ne l'était pas toujours pour le détail. Il y a notamment deux points sur lesquels on achoppa et que je signale ici parce que la discussion reprit après le Concile.

Le premier et le plus important était celui du canon de la messe. Le Père Jungmann en fit la critique et proposa des réformes de structure. Ainsi la prière pour l'Église et le Pape du *Te igitur* serait supprimée parce qu'elle ferait double

emploi avec la prière d'intercession qu'on restaurerait avant
l'offertoire. Je pris la défense du canon romain. Ce n'est
peut-être pas un chef-d'œuvre et il a ses défauts mais c'est
un texte vénérable qu'on ne peut traiter avec désinvolture.
A part quelques légères corrections du IXe siècle, il était
resté tel que l'avait laissé saint Grégoire à la fin du VIe.
Pendant plus de treize siècles, il avait été au centre de la
piété eucharistique de la chrétienté occidentale. Les théologiens du moyen âge l'avaient respecté presque à l'égal
d'un texte sacré et ils s'étaient bien gardés d'y introduire
leurs propres idées. Ils l'acceptaient comme un donné traditionnel. Si l'on voulait le corriger, il fallait le faire avec une
grande discrétion et pour des raisons graves. Or les remaniements proposés étaient arbitraires et ils défiguraient le texte
sans l'améliorer. Les choses en restèrent là pour le moment.

Un autre point sur lequel on ne fut pas d'accord fut le
problème de l'acte pénitentiel. Dans l'ordinaire de la messe,
le célébrant et ses ministres commençaient par une confession.
Primitivement, c'était une préparation privée qui n'intéressait pas le peuple, car cela se passait pendant le chant de
l'*introït* et du *Kyrie*. Mais le mouvement liturgique avait
introduit l'usage de la messe dialoguée où le peuple prenait
part à la confession des péchés. Or des pasteurs attestaient
que les fidèles étaient très attachés à cette pratique et ils
souhaitaient qu'elle soit intégrée à la messe solennelle. Il n'y
avait aucune raison de rejeter a priori cette suggestion. La
difficulté était de trouver la place et la forme de cet acte
pénitentiel. Plusieurs solutions furent proposées, mais
aucune ne reçut l'approbation générale.

Ces problèmes reviendront après le Concile, mais il est
bon de noter qu'ils s'étaient posés depuis longtemps et qu'ils
avaient été soigneusement étudiés par les liturgistes.

La répartition du travail au Conseil était basée sur la
division des livres liturgiques. Mais le missel était un livre
trop important pour qu'un seul groupe l'étudie dans son

ensemble. Il y eut donc plusieurs commissions d'après les diverses parties du missel : calendrier, lectionnaire, oraisons et préfaces, semaine sainte. La plus importante était celle qui était chargée de l'ordinaire de la messe.

Le relator de cette commission était Monseigneur Wagner, directeur de l'Institut Liturgique de Trèves, qui avait organisé et présidé la réunion de 1951 à Maria Laach. Je n'en fis pas partie au début et je ne sais pas comment il organisa son travail. Les renseignements que j'ai eus sont de seconde main. Ce n'était d'ailleurs pas grand-chose. Le groupe des consulteurs était plus nombreux que le mien et moins homogène. Malgré des réunions assez longues et assez fréquentes, le travail ne semblait pas avancer très vite. La première fois que j'intervins personnellement, ce fut par hasard. J'étais de passage à Rome un jour où Monseigneur Wagner devait faire son rapport au Conseil. Je fus invité et je pris part au débat. Il s'agissait précisément du canon. Monseigneur Wagner présenta un projet qui s'inspirait des idées du Père Jungmann, dont j'ai parlé plus haut à propos de la réunion de 1951. On y trouvait des changements arbitraires et on se demandait si ce n'était pas là changer pour le plaisir de changer. Le projet rencontra une vive opposition, même de la part de gens très ouverts à la réforme. On était dans une impasse.

Quelque temps après, comme je me trouvais à Trèves avec mon groupe de travail, Monseigneur Wagner m'invita un soir à un symposium avec le Professeur Vogel, et c'est en dégustant un excellent vin de Moselle qu'il nous confia un secret : il avait été appelé chez Paul VI qui l'avait chargé de rédiger trois nouvelles prières eucharistiques qui seraient utilisées en concurrence avec le canon romain. Pour les préparer, il avait fait le projet d'un recueil de toutes les anciennes prières eucharistiques. C'est l'origine du recueil *Prex eucharistica*, édité depuis par Monseigneur Hänggi et Mademoiselle Pahl. Cette initiative du Pape était inattendue et on pouvait se demander qui l'avait inspirée. Monseigneur Wagner pensait que c'était peut-être le Père Bouyer, qui avait été reçu en audience privée quelques jours plus tôt. Cela ne me semble pas vraisemblable, car les deux audiences étaient trop rapprochées, et il n'est pas probable que le Pape ait pris une telle décision sans une longue réflexion. Il y a peut-être une autre explication, mais il faut la chercher à un autre point de l'horizon.

Les Hollandais, impatients d'attendre une réforme qui ne venait pas, avaient pris les devants et fabriquaient des prières eucharistiques en quantités industrielles. Devant cette anarchie, le cardinal Alfrink avait pris une initiative. Il avait fait composer un recueil qui comprenait la traduction néerlandaise du canon romain et six prières eucharistiques nouvelles. Il soumit ce recueil au jugement du Saint-Siège et il s'engagea à faire cesser l'anarchie si trois des nouveaux textes étaient approuvés. On nomma alors une commission spéciale de cardinaux et deux consulteurs, le Père Vaggagini et moi-même. Parmi les nouveaux textes figurait en première place le canon du Père Oosterhuis, qui avait grand succès en Hollande et en Flandre. Ses indéniables qualités littéraires ne compensaient pas les équivoques de sa théologie. Jésus était un « homme inoubliable. » On ne disait pas qu'il n'était que cela et on ne niait pas sa divinité. On ne niait aucun dogme, mais on était arrivé à les mettre en veilleuse et il était difficile de voir dans cette prière une expression de la foi authentique. C'est sur ce texte que porta surtout ma critique. J'envoyai mon rapport à Rome et ce fut tout. Le Cardinal Alfrink ne reçut pas l'autorisation qu'il demandait. Mais entretemps la situation générale avait évolué.

J'ai raconté les faits dans l'ordre où ils sont venus à ma connaissance. Mais rien ne dit que ce soit l'ordre réel. Je n'ai connu la démarche de Monseigneur Alfrink qu'après les confidences de Monseigneur Wagner, mais il est possible qu'en réalité elle soit antérieure. Voici comment les choses ont pu se passer. Paul VI reçoit la requête du cardinal Alfrink. Il réfléchit, demande conseil, et finalement ordonne la constitution d'une commission spéciale. Cela prend un certain temps. Ensuite, le Pape se demande si la solution proposée pour la Hollande n'est pas celle qui conviendrait à toute l'Église latine, et il convoque Monseigneur Wagner. Ce serait donc la démarche du cardinal Alfrink qui aurait déclenché l'initiative de Paul VI.

Revenons maintenant au travail du Conseil. La réaction de Monseigneur Wagner devant la nouvelle mission qui lui avait été confiée était, comme je l'ai dit, de réunir toute la documentation. C'était, en soi, une saine réaction. Mais il faut avouer que, dans ces circonstances, elle manquait de réalisme. La rédaction du recueil qu'il projetait prendrait plusieurs années, et on attendait avec impatience une solution concrète. D'autre part, la documentation n'était pas inaccessible à des spécialistes. On fit donc comprendre à Monseigneur Wagner qu'il y avait urgence et qu'il fallait présenter à bref délai un projet concret. Il convoqua alors une réunion générale. Je ne faisais pas partie de son groupe de travail, mais Monseigneur Wagner arriva un jour à Louvain pour m'inviter personnellement. Il avait invité aussi le Père Bouyer. La réunion se tiendrait à Locarno et durerait une semaine entière. Je lui objectai que je devais faire cours à Paris le mardi et le mercredi. Il insista, et finalement j'acceptai d'aller à Locarno les derniers jours de la semaine. Je fis donc mes cours à Paris comme d'ordinaire et je pris le train de nuit à la gare de Lyon le mercredi. J'arrivai à Locarno le jeudi matin et je me rendis à l'adresse qui m'avait été indiquée. C'était un très confortable hôtel suisse situé hors ville, à flanc de coteau, avec une vue splendide sur le lac. J'y trouvai une nombreuse compagnie : ils étaient une quinzaine. Parmi eux Monseigneur Wagner, le Professeur Fischer, Monseigneur Schnitzler, le Père Jungmann, le Père Bouyer, le Père Gy, dom Vaggagini. Ils semblaient fatigués et je le comprends. Rien n'est si fatigant que de travailler en groupe, et plus nombreux est le groupe, plus cela devient difficile.

On était arrivé au moment de rédiger les trois prières eucharistiques. On avait pris certaines options. Ainsi, elles devaient être de types différents. La première s'inspirerait de l'anaphore d'Hippolyte dans la *Tradition apostolique*, la seconde serait de type gallican et la troisième de type oriental. D'autre part on avait décidé de mettre en lumière le rôle de l'Esprit-Saint dans l'eucharistie. Un des reproches qu'on pouvait faire au canon romain était précisément de laisser ce rôle dans l'ombre.

Pour l'anaphore d'Hippolyte, deux problèmes se posaient. Elle ne comprenait pas le *Sanctus*, qui n'est pas une pièce originale de la prière eucharistique. Fallait-il lui garder ce caractère archaïque ou la conformer aux autres prières eucharistiques? On décida d'intercaler le *Sanctus*. L'autre problème était celui de l'invocation à l'Esprit-Saint. Le texte original a une telle invocation — une épiclèse — après le récit de l'institution, mais elle vise la sanctification des fidèles et non la consécration du pain et du vin. On avait donc décidé d'ajouter une courte invocation consécratoire, mais on avait jugé qu'il fallait la placer avant le récit de l'institution. Il y avait donc un dédoublement de l'épiclèse. On avait adopté la même solution pour la prière de type gallican. Mais quand on aborda la prière de type oriental, on se heurta à une difficulté. La solution la plus logique était de prendre tout simplement une anaphore orientale authentique et de la traduire en latin. C'est ce que j'avais proposé et j'avais suggéré de prendre l'anaphore de saint Basile du rite alexandrin. Ce choix m'avait été inspiré par la réflexion d'un de mes étudiants de Paris. Au cours d'un examen qui portait sur les anaphores orientales, je lui avais demandé laquelle il préférait, et il m'avait répondu sans hésiter : « l'anaphore alexandrine de saint Basile ». Je lui demandai

pourquoi et il me répondit que c'était la meilleure du point
de vue pastoral. En effet, c'est celle qui expose avec le plus
de clarté et de simplicité toute l'économie du salut. J'en avais
fait une traduction latine en tenant compte des clausules
romaines, et je l'avais envoyée à Monseigneur Wagner. Elle
reçut un accueil favorable chez la plupart des consulteurs
du groupe, mais elle rencontra une vive opposition de la
part d'un théologien, dom Vaggagini.

Dès le VIIIe siècle, il y eut une controverse entre Latins et
Orientaux sur le moment de la consécration. Pour les Latins,
la consécration s'opérait par les paroles mêmes de Jésus.
Pour les Orientaux, elle se faisait par l'invocation du Saint-
Esprit. Cette controverse théologique n'avait jamais empêché
Rome de respecter la tradition orientale. Les Orientaux qui
s'étaient unis à l'Église romaine avaient toujours gardé
l'épiclèse à sa place traditionnelle en Orient, après le récit
de l'institution. L'anaphore alexandrine de saint Basile était
employée quotidiennement par les catholiques coptes.
Puisque Rome acceptait cette anaphore en grec et en copte,
on ne voyait pas pourquoi elle ne l'accepterait pas en latin.
Mais dom Vaggagini objecta que cela troublerait les catholiques latins. Habitués à considérer que la consécration était
accomplie par les paroles du Christ, ils ne comprendraient
pas que l'on invoque encore le Saint-Esprit pour la consécration. Or, il n'était pas possible ici de changer la place de
l'épiclèse. Ce qu'on pouvait faire avec des compositions
libres était impossible avec une anaphore orientale authentique. La majorité se prononça pour l'anaphore de saint
Basile, mais dom Vaggagini nous prévint loyalement que,
devant le Conseil, il plaiderait contre cette proposition. Si
on renonçait à adopter une anaphore authentique, il ne
restait qu'une solution : composer un texte qui suivait le
schéma ordinaire des anaphores orientales, à l'exception de
la place de l'épiclèse. Dom Vaggagini avait composé un texte
de ce genre, en s'inspirant de plusieurs anaphores.

Devant les évêques du Conseil, il y eut, en fait, une discussion entre le Père Bouyer, qui défendit l'anaphore de saint Basile, et dom Vaggagini, qui la rejetait. Le résultat du vote fut 15 « pour » et 14 « contre ». Mais le président — en l'occurrence le cardinal Confalonieri — estima que la majorité était insuffisante et qu'il fallait en référer au Pape. Dès lors, il fallait prévoir une solution de rechange, et on mit au point le texte du Père Vaggagini, qui figure aujourd'hui au Missel romain.

Je regrette toujours, pour ma part, qu'on n'ait pas accepté une anaphore authentique. Du point de vue œcuménique, cela aurait eu une autre importance. Il faut observer d'ailleurs que l'opposition ne fut pas inspirée par un esprit de controverse. Un évêque, qui avait été professeur de faculté, déclara : « Si j'étais encore professeur, j'aurais voté ' pour ', mais comme évêque, je ne veux pas créer de difficultés. » J'avais objecté que, durant les semaines œcuméniques, on invitait des prêtres orientaux à célébrer la messe selon leur rite dans des églises latines. Dom Vaggagini me répondit que cela se faisait dans des langues étrangères que le peuple ne comprenait pas et que cela ne pouvait troubler personne. C'est un point de vue très discutable, mais je n'eus pas le courage de continuer la discussion sur ce terrain.

Le second point sur lequel on avait achoppé à la réunion de 1951 était l'acte pénitentiel. Les discussions recommencèrent après le Concile. Le problème était difficile parce que c'était une innovation et on pouvait inventer de nombreuses solutions. Et d'autre part, il fallait combiner cette innovation avec les éléments traditionnels de la messe romaine. Je n'ai pas pris part aux discussions de ce problème et je ne puis rien en dire. Mais je sais qu'après l'approbation du projet par le Conseil, il y eut des changements. On fit des expériences à Rome et on obligea Monseigneur Wagner à introduire certains remaniements dont il n'était pas satisfait.

La réforme de la messe s'étendait à toutes les parties du

missel et il y avait différents groupes de travail. L'un d'eux
était chargé de la réforme des oraisons et des préfaces. Dans
ce domaine, le défaut du missel romain était sa pauvreté en
comparaison avec les anciens sacramentaires. Le nombre des
préfaces proposées était singulièrement réduit et le choix
des oraisons n'était pas toujours heureux. On pouvait
l'enrichir en puisant dans le trésor de la tradition romaine.
Le relator de ce groupe était dom Bruylants. On n'aurait
pu mieux choisir. Il connaissait admirablement les sources
liturgiques latines. Il avait fait une édition critique des
oraisons du missel et il avait accumulé sur fiches une énorme
documentation. Malheureusement, il ne put achever son
travail. On peut même dire que c'est son travail qui l'a tué.
Il est mort au retour d'une session du Conseil, comme je l'ai
raconté plus haut. Après sa mort, dom Dumas, de l'abbaye
d'Hautecombe, reprit sa charge, et on me demanda de faire
partie de son groupe de travail. J'ai donc collaboré à la
réforme des oraisons et des préfaces. Ce fut pour la plus
grande partie un travail de révision. Dom Dumas avait
utilisé la documentation de son prédécesseur et le plus gros
du travail était fait. On me demanda cependant de composer
quelques oraisons et quelques préfaces, je serais bien incapable de dire lesquelles. C'étaient des cas où on n'avait rien
trouvé de valable dans la tradition.

17

La confirmation

La division du travail par livre liturgique fit que mon groupe fut chargé de la confirmation. En effet, ce rite étant réservé à l'évêque, il figure au Pontifical. Il eût été plus logique de le faire étudier par le groupe qui était chargé du baptême, mais personne n'y songea.

Du point de vue purement liturgique, le rituel de la confirmation ne posait pas de problème majeur; mais nous pouvions être arrêtés par des controverses théologiques, et il fallait prendre position.

La première question était celle de la matière et de la forme du sacrement. La tradition le rattachait à l'imposition des mains par laquelle les apôtres conféraient le don de l'Esprit. Mais, en fait, le rite avait évolué. Même à Rome, où l'imposition des mains subsistait, elle n'était plus considérée comme le rite essentiel, et c'était la chrismation qui avait pris sa place. Certains théologiens souhaitaient qu'on en revienne à l'usage apostolique. Si l'Église a eu dans le passé le pouvoir de changer, disaient-ils, elle possède toujours le même pouvoir et rien ne l'empêche de revenir en arrière. Le raisonnement est simple, mais il l'est peut-être un peu trop. Si l'Église a ce pouvoir, est-il opportun qu'elle s'en serve? De toute manière, la réponse à cette question était du ressort du Concile proprement dit et non d'une Commission postconciliaire. Or le Concile s'était gardé de prendre une décision dans ce sens, et ce n'était pas une omission accidentelle. Car le problème avait été posé à la Commission préconciliaire. Je me souviens très bien de la réponse que j'avais faite. J'avais fait remarquer que, le Concile étant œcuménique, une telle décision placerait les Orientaux dans une fausse position. De toute manière, cela romprait l'unité qui existait entre l'Orient et l'Occident. Je ne sais pas quel poids a pu avoir mon intervention, mais il est certain que le Concile n'a voulu rien changer. Dans ces conditions, ce n'était pas au Conseil à prendre une initiative qui dépassait sa compétence. Au reste, l'imposition des mains subsistait dans le Pontifical et il n'était pas question de la supprimer. Personne n'insista sur ce point.

L'autre question était l'âge de la confirmation. Elle ne s'était jamais posée en Orient où, la confirmation étant restée liée au baptême, la chrismation était faite par le prêtre avec du myron consacré par l'évêque ou le patriarche. En Occident au contraire, la confirmation était restée le privilège de l'évêque, successeur des apôtres. La conséquence fut la séparation entre le baptême et la confirmation. Avec la multiplication des paroisses rurales et la vaste étendue des diocèses de province, la plupart des baptêmes se célébraient hors de la présence de l'évêque, et la confirmation devait être remise à plus tard, mais cela n'avait rien à voir avec l'âge des candidats. Quand on se posa ce problème, il y eut des solutions diverses suivant les lieux. En fait, il n'y eut jamais de loi générale en la matière avant le *Codex iuris canonici* promulgué en 1917. Encore faut-il noter qu'une grande partie des pays latins était soustraite à cette loi. Le Code, en effet, n'abrogeait pas les coutumes immémoriales. Or l'Espagne, le Portugal et l'Amérique du Sud avaient une telle coutume en la matière : on pouvait faire confirmer les enfants dès qu'on trouvait un ministre compétent.

La législation du Code s'appuyait sur la jurisprudence romaine et s'inspirait d'une théologie. La confirmation est la seconde étape de l'initiation chrétienne, entre le baptême et l'eucharistie. L'usage de retarder la confirmation était légitime, mais ce retard ne pouvait dépasser l'âge de raison. Les rédacteurs s'inspiraient visiblement de Léon XIII, pour qui la confirmation prépare à la première communion.

Il faut reconnaître que la promulgation du Code n'eut guère d'influence sur la pratique courante dans nos régions. Bien au contraire, on voit se dessiner un mouvement en faveur du retard de la confirmation. Je me souviens d'une époque où la confirmation était présentée comme le sacrement de l'Action catholique. Pour peu, on l'aurait réservé aux adhérents des divers mouvements de jeunesse catholique. Aujourd'hui, on a trouvé autre chose : c'est le sacrement de l'adolescence. La théorie s'appuie, non sur la théologie, mais sur la psychologie. Il faut retarder la confirmation jusqu'au moment où le candidat est arrivé à un degré de maturité qui lui permette de faire un choix définitif et de s'orienter dans la vie. Et il convient que ce moment soit marqué par un rite solennel dont il gardera le souvenir.

Il y a là plusieurs confusions. Tout d'abord, le parallélisme entre le développement intellectuel et la croissance spirituelle du chrétien. De quel droit déclarer que le sacrement de confirmation est inutile aux enfants, alors qu'ils peuvent arriver à la sainteté et même être amenés à témoigner de leur foi? Il y a eu des enfants martyrs. Il suffit de penser aux martyrs de l'Ouganda au siècle dernier. De plus, il y a confusion entre l'efficacité du sacrement et l'impact psychologique d'une grande cérémonie.

Quant à la psychologie supposée, elle me paraît dépassée. L'adolescence, dans nos pays, se situe vers 14 ans. Est-ce l'âge idéal pour la confirmation? Nous avons aujourd'hui l'expérience des protestants. C'était, chez eux, l'âge traditionnel. Ils sont d'accord pour estimer que c'est le plus mauvais âge. Les uns veulent anticiper de plusieurs années, comme dans l'Eglise catholique; les autres, retarder jusqu'à 18 ans. Il n'est plus vrai, d'ailleurs, que 14 ans soit l'âge où l'on quitte l'école pour entrer dans la vie réelle. La scolarité a été prolongée et elle le sera encore davantage. Si l'on part de ce critère, il faut donner raison à cet évêque américain qui a fixé l'âge de la confirmation à 18 ans. On arrive à cette conclusion paradoxale qu'on serait assez mûr pour contracter mariage avant de l'être pour la confirmation.

Le problème n'était pas directement de ma compétence, mais il était probable que certains membres du Conseil le poseraient et que je serais amené à prendre parti. Or, le Père Gy m'écrivit de Rome qu'une offensive se préparait en faveur de la confirmation, sacrement de l'adolescence. Les évêques italiens avaient fait le projet de prendre à ce sujet une décision commune et de la soumettre à l'approbation du Pape. Celui-ci était favorable à cette décision et était disposé à donner son approbation. Ce ne serait pas une décision infaillible, bien sûr, mais cela marquerait un changement car, jusque là, la jurisprudence romaine était fermement attachée à l'ancienne tradition. Cela me parut regrettable et je décidai de réagir. Il n'y avait pas de temps à perdre. Je demandai au Père Matagne, directeur de la *Nouvelle revue théologique*, d'insérer un court article dans le numéro qui était sous presse, ce qu'il m'accorda volontiers. Il n'était pas question de faire un long article scientifique que personne ne lirait, mais de prendre position sur un ton nettement polémique qui susciterait la discussion. La *Nouvelle revue théologique* était toute désignée, car elle a une très grande diffusion et cela ne passerait pas inaperçu. L'effet fut immédiat. Quelques jours après la parution du numéro, je reçus en même temps de Rome un mot d'approbation d'un cardinal et une lettre d'injures d'un curé de la Ville. C'était bon signe. Il ne fallut pas attendre longtemps pour voir paraître une série d'articles dans des revues italiennes. A ma grande surprise, les plus importants allaient dans le même sens que le mien, ils montraient la continuité et la cohérence de la tradition romaine. La seule critique négative dont j'aie eu connaissance fut un article de dom Vaggagini dans la *Scuola cattolica*, auquel je répondis dans la même revue. En fin de compte, les évêques italiens tinrent leur réunion, mais ils ne prirent pas de décision commune et ne demandèrent rien au Saint-Siège. Le péril d'une définition de la confirmation comme sacrement de l'adolescence était provisoirement écarté.

Parmi les approbations que j'avais reçues, la plus chaleureuse était une lettre du cardinal Duval, archevêque d'Alger. En le remerciant, je lui suggérai d'écrire au Pape pour lui exposer son point de vue. Il me semblait très important que le Souverain Pontife entende la voix d'un pasteur expérimenté. Le Cardinal écrivit une lettre. Il reçut comme réponse que sa lettre serait communiquée aux organismes compétents. J'écrivis alors au secrétariat du Conseil pour demander communication du document, mais je ne reçus jamais de réponse. En revanche, on m'envoya la copie d'une requête de plusieurs évêques du Conseil en faveur du retard de la confirmation jusqu'à l'âge de 14 ans. Elle était signée par plusieurs évêques de l'Europe de l'Est, au-delà du rideau de fer. Voici comment ils exposaient la situation. Ils avaient des difficultés à obtenir des parents qu'ils envoient leurs enfants au catéchisme jusqu'à l'âge de 14 ans. Si l'on plaçait la confirmation à cet âge, les parents seraient obligés d'envoyer leurs enfants au catéchisme, sous peine de voir le sacrement refusé. Cela me semblait parfaitement immoral. Mais comme la question était posée par des évêques au Conseil, j'étais obligé de prendre parti.

Je le fis à la session suivante. J'exposai les deux thèses en présence. D'un côté, la tradition romaine, basée sur une

théologie de la confirmation : elle est la seconde étape de
l'initiation chrétienne; elle ne peut être retardée au-delà de
7 ans, car le don de l'Esprit peut être nécessaire dès l'âge de
raison. De l'autre, une théorie basée sur une psychologie
discutable, qui aboutit à des conclusions absurdes, telles le
retard jusqu'à 18 ans. Les deux thèses n'ont pas valeur
égale. La tradition romaine, par sa continuité constitue un
enseignement du magistère de l'Église. Il n'engage sans doute
pas l'infaillibilité pontificale, mais il ne peut être rejeté sans
une raison très grave. Ces raisons existent-elles? Et je ter-
minai par deux questions : « Pouvez-vous affirmer, en votre
âme et conscience, que la confirmation est inutile aux enfants
avant l'âge de 14 ans? Dans ces conditions, pouvez-vous
prendre la responsabilité de priver les enfants de la grâce
sacramentelle pendant sept ou dix ans, surtout dans les
pays déchristianisés et en état de persécution latente?»
J'attendis quelques instants, mais personne ne répondit oui
à mes deux questions. Dès lors, l'affaire était réglée. Tout
ce qu'auraient pu faire les opposants était de demander un
vote secret, mais ils ne pouvaient le faire sans engager leur
responsabilité, et ils n'osaient pas. Le résultat n'était d'ailleurs pas douteux, et ils n'insistèrent pas.

La réservation à l'évêque du rite de la confirmation avait
eu pour conséquence le retard dans la collation de ce sacrement. Mais ce retard eut à son tour une influence sur la
pratique du rite. Cela devint une charge écrasante pour
l'évêque dans les diocèses de vaste étendue. Il était impossible à l'évêque de visiter chaque année toutes ses paroisses.
On profitait de son passage pour concentrer en un même
lieu les candidats des paroisses avoisinantes, et cela se
chiffrait par centaines. Pour ménager les forces de l'évêque,
cela devait être une cérémonie expéditive. Cela se passait
encore ainsi chez nous il n'y a pas si longtemps. Vers 1936,
j'ai été aumônier d'un orphelinat et j'ai dû conduire des
enfants à des séances de ce genre. Après avoir dit la messe

le matin, je partais en autocar avec mes enfants et ceux du village. Nous étions convoqués pour 9 heures et demie à la collégiale de Huy, mais il fallait attendre pour entrer que les candidats de la première séance soient sortis. Car l'évêque travaillait à temps plein ce jour-là. Nous étions de la deuxième série et il y en avait encore une troisième. On procédait alors à la confirmation selon le Pontifical romain. Les rédacteurs de ce livre avaient manqué d'imagination. Ils avaient extrait de l'ancien rituel baptismal ce qui concerne la confirmation, mais ils n'avaient pas songé à lui donner un environnement liturgique. Il n'y avait ni messe, ni lectures, ni rien qui soit une préparation. Ce qui prenait du temps, c'était la procession des enfants vers le trône de l'évêque : c'était interminable. Bien entendu, il n'y avait aucune communauté pour accueillir les enfants. Les citadins de Huy avaient autre chose à faire et les parents des enfants ne se déplaçaient pas pour si peu. Il y avait bien les parrains et marraines, mais ils n'avaient que des rapports lointains avec les confirmands. Psychologiquement, c'était pitoyable. Cela faisait penser à des séances de vaccination.

Un premier remède était de rendre au moins possible un environnement liturgique. On pouvait prévoir que la confirmation serait conférée au cours d'une messe, après l'évangile, les pièces propres de la messe étant choisies en vue de la confirmation. Au cas où la messe n'était pas possible, on pouvait prévoir au moins une liturgie de la parole. Mais cela allongeait la cérémonie, alors qu'on aurait souhaité qu'elle soit brève. Dans ce sens, nous avons fait deux propositions à soumettre à l'approbation du Pape. La première était d'associer les prêtres présents à l'action liturgique : ils se partageraient avec l'évêque la consignation avec le saint-chrême. La seconde proposition était de donner aux évêques le droit de déléguer un simple prêtre pour confirmer dans des cas déterminés. Nombre d'évêques possèdent cette faculté, mais en vertu d'un privilège du Saint-Siège. Ce que nous demandions, c'était que cela passe dans le droit commun. Le Conseil approuva les deux propositions.

Une réforme qui s'imposait était le rattachement de la confirmation au baptême. Le moyen le plus simple était le renouvellement des engagements du baptême. Là, j'eus la surprise de recevoir d'un évêque d'Amérique du Sud une proposition : ajouter aux engagements traditionnels une promesse de fidélité à l'Église catholique. La raison était que des catholiques passaient au protestantisme. Promettre fidélité à l'Église après avoir proclamé sa foi en l'Église n'a aucun sens. Je répondis que, si je devais faire cette proposition au Conseil, je serais obligé de donner la raison indiquée en présence des observateurs protestants qui assistaient aux séances et que cela ferait une pénible impression. On n'insista pas et on s'en tint aux engagements traditionnels.

La réforme la plus importante fut celle de la formule sacramentelle. Celle qui figurait au Pontifical fut l'objet de vives critiques : elle était trop longue et peu expressive. L'accord se fit rapidement sur son remplacement. Mais il fallait alors en trouver une nouvelle, et ce n'était pas si simple. Les anciens témoins romains ne contenaient aucune formule de rechange. Rien n'empêchait d'en créer une, et il se trouva dans l'auditoire un certain nombre de gens de bonne volonté pour me venir en aide. Je fus bientôt nanti de tout un dossier de propositions avec explications à l'appui. Je n'avais que l'embarras du choix; mais c'était un réel embarras. Il m'était impossible de soumettre toutes ces propositions à la critique du Conseil. Quant à choisir moi-même, c'était d'autant plus difficile qu'aucune ne me paraissait s'imposer. Le défaut de la plupart était qu'elles voulaient trop dire. De plus, je n'aimais guère proposer des formules qui n'avaient aucun appui dans la tradition. Je mis donc tout ce dossier de côté et je proposai d'adopter la vieille formule du rite byzantin. Sa première qualité était son inspiration biblique : « Marque du don de l'Esprit-Saint. »

L'image de la marque, du sceau, *sphragis,* pour désigner
l'action de l'Esprit dans l'initiation chrétienne vient de saint
Paul dans l'épître aux Éphésiens sous la forme verbale
esphragisthête, signati estis. Elle a été largement exploitée
par les Pères. La formule byzantine est la plus ancienne de
celles qui sont en usage aujourd'hui. Elle est citée explicitement dans un document faussement attribué au concile
de Constantinople de 381, mais qui date en réalité de 450.
Elle se retrouve, avec des variantes, dans les autres rites
orientaux. Elle a donc une solide base traditionnelle.

La proposition fut bien accueillie et il n'y eut aucune
opposition. Comme traduction, je proposai : « Accipe signaculum donationis Spiritus Sancti. » Mais, en réfléchissant,
je m'aperçus que cette traduction littérale pouvait être mal
comprise. La théologie moderne nous a habitués à parler
des dons de l'Esprit au pluriel, et ces dons sont quelque chose
de distinct de l'Esprit. Il n'en est pas de même dans le langage
de la Bible, quand on parle du don au singulier. Il faut
comprendre : le don qu'est l'Esprit. C'est l'Esprit qui
descend, qui est donné, qu'on reçoit. La terminologie est
constante. Je proposai donc une autre traduction : « Accipe
signaculum Spiritus Sancti qui tibi datur. » Elle fut
approuvée par le Conseil.

Une dernière correction fut la suppression d'une rubrique
introduite très tardivement dans le Pontifical. Elle prescri-
vait à l'évêque, au moment où il faisait la signation avec le
pouce, de poser les quatre autres doigts sur la tête du
candidat. C'était un geste peu naturel et tout à fait inexpres-
sif. Il n'avait d'ailleurs jamais été considéré comme essentiel.
La suppression de cette rubrique n'est donc pas une omission
accidentelle, mais une correction intentionnelle approuvée
par le Conseil.

Nous avons enfin demandé que soit abolie l'interdiction
faite au parrain du baptême d'être aussi celui de la confirmation. Cette discipline provenait d'un canon mal interprété.

Il est au contraire souhaitable, lorsque c'est possible, que la même personne soit parrain aux deux sacrements.

Entre le moment où j'ai remis notre projet dûment approuvé par le Conseil et sa promulgation, il s'est écoulé plusieurs années. Que s'est-il passé entretemps? Je l'ignore totalement. Tout ce que je puis faire, c'est signaler quelques corrections qui y ont été faites.

Nous avions proposé que l'évêque puisse se faire aider, pour l'onction, par les prêtres présents, mais nous avions réservé à l'évêque lui-même la première imposition des mains. Dans le rituel imprimé, au contraire, les prêtres participent également à l'imposition des mains. Nous avions demandé aussi que l'évêque ait le droit de déléguer un prêtre pour conférer la confirmation. Si l'on veut rendre au sacrement sa dignité, il faut éviter les confirmations en masse et donner à la cérémonie des dimensions humaines, avec une communauté qui accueille les confirmands et en présence des parents. Dans ces conditions, il sera de plus en plus difficile à l'évêque de confirmer personnellement tous les candidats. Pratiquement cela ne fait pas de difficulté. Tous les évêques ont ou peuvent avoir un indult du Saint-Siège qui leur donne cette faculté. Mais il nous avait paru souhaitable que cela entre dans le droit commun. Cela a été refusé. Il faudra que les évêques se munissent d'un indult et paient les frais de chancellerie. Un changement a aussi été apporté à la formule sacramentelle. Le texte approuvé par le Conseil était : « Accipe signaculum Spiritus Sancti qui tibi datur. » On est revenu à une traduction plus littérale de la formule byzantine : « Accipe signaculum doni Spiritus Sancti. » Mais cela ne change rien au sens. Le génitif *Spiritus Sancti* est bien un génitif d'apposition : le don qu'est l'Esprit-Saint.

Le rituel est précédé d'une Constitution apostolique sur la confirmation. Elle reste dans la ligne de la tradition. Le don de l'Esprit est bien la seconde étape de l'initiation

chrétienne, et non le sacrement de l'adolescence. J'ai commis
une erreur au sujet du rédacteur de cette Constitution. Dans
une recension des *Questions liturgiques*, j'avais cru reconnaître dans la Constitution la main du Père Lécuyer. Jugement faux, mais non téméraire. En effet, la documentation
utilisée dans la Constitution est identique à celle que nous
avons rassemblée et qui figure dans notre dossier. Comme
je n'ai pas été consulté, je pensais qu'on avait demandé au
Père Lécuyer de se charger de ce travail. Renseignements
pris, le texte a été préparé par un jésuite belge, le Père
Dhanis, de l'Université grégorienne, et revu par le Père Gy.

Je puis arrêter ici mes souvenirs sur le mouvement liturgique. Le rituel de la confirmation qui vient d'être promulgué
cette année est le dernier document auquel j'ai travaillé
personnellement. Le reste appartient à l'avenir.

18
Bilan

Je suis un mauvais comptable. J'ai été initié au métier à l'armée pendant la guerre de 1914, et je n'ai pu m'en tirer qu'en faisant des faux en écriture. Les faits sont depuis longtemps couverts par la prescription, mais j'ai gardé l'impression que bilans et inventaires sont toujours truqués, même quand il s'agit de choses aussi palpables que des fusils, des masques à gaz et des boîtes de conserves. S'il faut en outre tenir compte des facteurs humains, d'idées et de sentiments, on peut faire dire aux chiffres à peu près tout ce qu'on veut. Aussi bien, je n'aurais pas songé à terminer par un bilan si d'autres ne l'avaient fait avant moi.

J'ai suivi le mouvement liturgique durant une soixantaine d'années, depuis ses origines jusqu'après le Concile de Vatican II. Tout le monde sait que la réforme liturgique postconciliaire a suscité des réactions très diverses. A côté des gens simples qui l'ont acceptée tout bonnement, il y a des têtes pensantes qui rechignent. Les uns se plaignent qu'on a été trop loin et qu'on a changé la religion, tandis que les autres estiment qu'on n'a pas osé aller assez loin et qu'ils sont capables de faire beaucoup mieux. Alors, je me crois obligé de donner moi aussi mon avis. Je n'ai pas l'illusion de pouvoir mettre tout le monde d'accord ni la prétention de prononcer un jugement définitif. Je m'estimerai heureux si je puis dissiper certaines confusions et corriger quelques erreurs.

Notons tout d'abord qu'on ne rend pas justice au mouvement liturgique en le jugeant exclusivement sur les détails de la réforme liturgique. Il a été dès l'origine un mouvement d'idée inspiré par une certaine vision du mystère de l'Église, et il a exercé une grande influence sur la théologie, même en dehors du catholicisme. Ce n'est pas par hasard que son fondateur, dom Beauduin, est devenu un des plus ardents artisans du mouvement œcuménique. La question est de savoir si le mouvement est resté fidèle à l'inspiration primitive. C'est l'esprit qu'il faut juger, non la lettre. Séparer l'un de l'autre, c'est se résigner à ne rien comprendre.

Une autre confusion fréquente est celle des termes de comparaison. Il faut savoir ce qu'on compare et avec quoi. On veut comparer l'ancienne liturgie avec la nouvelle. Mais qu'est-ce qu'on entend par l'ancienne? La liturgie idéale, telle qu'on peut la voir dans de grandes abbayes, ou bien celle qu'on trouvait dans la plupart de nos paroisses? Et la liturgie nouvelle? Il ne faut pas confondre la liturgie telle qu'elle a été prescrite par le Saint-Siège et les fantaisies qu'on peut voir en certaines régions. Ceux qui ont travaillé à la réforme liturgique ne sont pas responsables de l'anarchie qui règne en certains pays, pas plus que les Pères du Concile ne le sont de l'indiscipline de certains prêtres. Il ne faut pas tout mélanger.

Tenons-nous-en à la réforme authentique. Ce qui choque le plus certains, c'est l'abandon du latin. Je suis d'autant plus à l'aise pour en parler que personne ne me soupçonnera d'être ennemi du latin. J'ai passé une grande partie de ma vie à étudier les vieux textes et à les interpréter. Je n'éprouve aucune joie personnelle à célébrer la liturgie en français ou en néerlandais, dans des traductions qui ne sont pas toujours excellentes. Je reste attaché au chant grégorien et je suis heureux qu'on l'ait partiellement gardé chez nous au Mont César. Je reconnais qu'il peut y avoir une cause d'appauvrissement, non seulement au point de vue esthétique, mais même pour le contenu réel, dans l'abandon du latin. Si j'avais pu suivre mon goût et mes préférences personnelles, j'aurais défendu le latin envers et contre tous. Pourtant, je me suis fait l'avocat de la langue vivante, parce que j'ai estimé en conscience que c'était nécessaire au bien de l'Église. J'ai estimé en conscience qu'il valait mieux sacrifier la lettre pour être fidèle à l'esprit.

Le mouvement liturgique a voulu dès l'origine créer des assemblées et des communautés vivantes, qui participent au maximum à la prière et à la vie de l'Église. Pour franchir la barrière du latin, on a fait des traductions écrites et on est arrivé, dans les pays d'ancienne culture, à des résultats positifs. Mais après cinquante années d'expérience, pouvait-on affirmer que c'était l'idéal sur le plan de l'Église universelle? Un concile œcuménique était l'occasion de poser la question. Il y avait là des évêques du monde entier, notamment des pays de mission. C'est eux qu'il fallait interroger pour savoir si le maintien du latin n'était pas un handicap pour les jeunes Églises d'Afrique et d'Asie. Et s'il en était ainsi, il n'y avait pas d'hésitation possible, car l'évangélisation passe avant tout.

D'ailleurs, même en Europe, beaucoup souhaitaient une plus large extension de la langue vivante, surtout dans les régions déchristianisées. La culture classique était en nette régression et beaucoup de prêtres n'avaient plus qu'une connaissance rudimentaire du latin. Je puis en parler en connaissance de cause. Je renvoie à ce que j'ai dit plus haut à l'occasion de l'Institut de Liturgie de Paris. D'autre part, la jurisprudence romaine s'était assouplie. Rome avait concédé des lectionnaires en langue vivante et des rituels bilingues. La porte était entrouverte. Fallait-il l'ouvrir

toute grande ou la refermer brutalement? Le Concile s'est
prononcé pour l'ouverture et il faut désormais aller de
l'avant.

Cela pose de nombreux problèmes, qui ne peuvent pas être
résolus en un jour d'une manière parfaite, notamment celui
des traductions et celui de la musique liturgique. Il est
évident que les réalisations provisoires auxquelles nous
assistons sont souvent assez pauvres du point de vue esthétique. Il faut essayer de faire mieux et il y a place pour une
recherche intéressante. En attendant, ce n'est pas une raison
pour fermer les yeux sur les aspects positifs de la réforme.

Le but du mouvement liturgique a été de faire participer
le peuple chrétien à la prière de l'Église de la manière la
plus active et la plus consciente. C'est là le critère principal
pour juger de la réforme. A-t-elle atteint ce but? Pour ma
part, je réponds franchement oui. J'ai assisté à des messes
dans des paroisses de Belgique, de France et d'Italie.
C'étaient des paroisses ordinaires, où on pratiquait la
réforme sans aucune extravagance. Il n'y avait pas de
spectateur muet. Tout le monde répondait, tout le monde
écoutait. C'étaient vraiment des communautés qui priaient
ensemble. C'était tout autre chose que les messes que j'ai
connues dans mon enfance, où chacun s'occupait comme il
pouvait ou bien attendait que cela passe. Je ne crois pas que
les collégiens, déjà habitués à la nouvelle liturgie, pourraient
supporter ce qu'on nous infligeait il y a soixante ans. Ces
assemblées dont je parle étaient aussi des assemblées commu-
niantes, qui avaient retrouvé le vrai sens de l'eucharistie.
C'était la participation de tous au sacrifice du Seigneur.
Durant toute ma jeunesse, il y avait une sorte de divorce
entre la messe et la communion. On communiait avant la
messe ou après la messe, quelquefois au milieu de la messe,
mais jamais en même temps que le prêtre. La communion
était un acte de dévotion privée dans lequel on cherchait
le seul à seul avec le Seigneur, mais cela n'avait rien à voir

avec la messe. Ce n'était plus un acte communautaire qui réunissait tous les chrétiens à l'unique repas du Seigneur. Qu'on ait pu ramener les chrétiens à communier ensemble, c'est un résultat important du mouvement liturgique.

Un autre résultat positif est l'enrichissement de la liturgie de la parole. Non seulement les chrétiens peuvent entendre la proclamation de la parole de Dieu dans leur propre langue, mais on a essayé d'augmenter et de varier les lectures, afin que, au bout de trois ans, les fidèles puissent entendre les passages essentiels de la Bible, y compris l'Ancien Testament. C'est un point qui a subi les critiques les plus étonnantes. Certains y ont vu une influence néfaste du protestantisme. Or, c'est un retour à la tradition la plus ancienne et la plus universelle. Les homélies des anciens Pères, tant grecs que latins, en font foi. C'est l'Écriture qui était à la base de la prédication, et le Concile a expressément marqué le désir d'un retour à une prédication biblique.

Quant à la réforme de la messe, elle a été faite dans l'esprit de la tradition. J'en ai déjà parlé plus haut, mais je crois qu'il faut insister ici. Elle n'est pas l'œuvre d'hommes de gauche ignorants de la tradition. Ce qui a le plus frappé, c'est la modification des rites de l'offrande. Or les meilleurs liturgistes étaient d'accord pour simplifier cette partie. Un homme aussi pondéré que dom Capelle était du même avis que le Père Jungmann. Ces prières de l'offertoire étaient étrangères à la tradition romaine authentique. Non seulement elles étaient inconnues de saint Grégoire, mais elles ne figuraient pas davantage dans l'exemplaire du sacramentaire envoyé par le pape Hadrien à Charlemagne. C'étaient des prières de dévotion du prêtre, qui s'étaient infiltrées dans l'usage romano-germanique. Elles avaient l'inconvénient de donner une importance exagérée à ce rite au détriment de la véritable offrande qui se faisait traditionnellement après le récit de l'institution. La véritable offrande, dans tous les rites, ce n'est pas le pain et le vin comme dons matériels, mais le corps et le sang du Christ sous les espèces du pain et du vin. Ce développement des prières de l'offertoire avait déplacé l'accent. Il fut un temps, dans l'histoire du mouvement liturgique, où l'offrande des dons matériels apparaissait à certains comme le point culminant de la messe et où on organisait des processions d'offertoire avec les offrandes les plus diverses. C'était une déviation qu'il fallait redresser.

Quant aux prières eucharistiques, elles restent également conformes à l'esprit de la tradition. Le vieux canon de saint Grégoire n'a subi que quelques légères retouches. Les nouvelles formules s'inspirent de textes authentiques des anciennes liturgies. La première reprend la plus ancienne prière eucharistique connue. Elle a été composée à Rome au IIIe siècle en langue grecque, et depuis des siècles elle est dite par les prêtres de rite éthiopien. Elle ne dépare pas le missel romain qui l'a accueillie.

Si l'on compare la nouvelle édition du Missale Romanum avec l'ancienne, on remarque la présence d'un grand nombre de pièces nouvelles, oraisons et préfaces. Ce n'est pas une innovation : on a cherché dans le trésor des anciens sacramentaires romains de quoi enrichir la liturgie d'aujourd'hui. Mais l'édition est trop récente pour qu'on ait eu le temps d'en faire des traductions en langue vivante.

La réforme dont je me réjouis le plus personnellement, c'est le retour à la concélébration. Il était impossible à des prêtres vivant en communauté de jamais communier ensemble. Il fallait que chacun célèbre sa messe en privé, puis on pouvait ensuite se réunir pour assister à une messe où personne ne communiait. De là des séries de messes qui se suivaient à vive allure aux autels latéraux et qui n'étaient pas toujours une source d'édification pour les fidèles. Il semblait que la multiplication des messes privées était une fin en soi. Mais le comble, c'étaient les jours où chaque prêtre était autorisé à dire trois messes. Cela devenait un véritable marathon. Je me souviens de ces jours de Noël où, après avoir assisté à la messe de la nuit sans y communier, nous nous croyions obligés d'enfiler trois messes basses en attendant la messe du jour, à laquelle nous assistions sans communier. Il y avait là quelque chose d'anormal.

Chaque fois qu'il s'agit de choses essentielles, il faut constater que la réforme est restée fidèle à l'esprit du mouvement liturgique. Mais, si elle est l'aboutissement de ce mouvement, la réforme est avant tout un point de départ. Elle est un projet pour l'avenir, et ce serait une périlleuse illusion que d'en attendre des résultats spectaculaires immédiats.

Cette illusion suppose une idée assez simpliste de la réforme liturgique. On n'y voit qu'un ensemble de recettes destinées à rendre la messe plus attrayante et à remplir des églises qui commençaient à se vider. C'est s'engager dans la voie d'un dangereux pragmatisme dont le seul critère est le succès. Tout est bon qui attire les foules. De là une surenchère d'initiatives qui vont de la naïveté touchante au farfelu.

La véritable réforme liturgique n'a rien à voir avec ce genre d'exhibition. Tout d'abord, on ne peut la dissocier de l'œuvre doctrinale du Concile, parce que la liturgie doit être l'expression dans le culte de la foi de l'Église. Pendant le Concile, les Pères de Vatican II ont réfléchi au problème de l'Église, parce que c'est le problème théologique du XXe siècle non seulement dans le catholicisme, mais dans toutes les confessions chrétiennes. Car c'est dans l'Église que doit s'accomplir le plan de Dieu de rassembler tous les hommes dans le Christ. Les Pères du Concile sont retournés aux sources de la Révélation et ils ont fait le départ entre les routines humaines et la tradition authentique qui fait la continuité de la vie de l'Église. Cette foi renouvelée en l'Église, le Concile a voulu qu'elle s'exprime dans la liturgie, afin de la faire pénétrer dans toute la vie des individus et des communautés.

206

BILAN

La volonté du Concile est affirmée en plus d'un endroit de la Constitution sur la liturgie. C'est pour cela qu'elle demande que la parole de Dieu soit largement proclamée dans la langue du peuple. Pour cela aussi qu'elle recommande que soient rendues aux rites leur vérité et leur simplicité. Les Pères ont souhaité une réforme assez souple, qui laisse aux Conférences épiscopales une certaine marge d'adaptation. Mais surtout, les Pères ont insisté sur un renouvellement de la catéchèse et de la prédication.

Ce n'est pas ici le lieu de faire la critique de la prédication dans l'Église catholique. Il y a toute une littérature sur la matière, et on s'accorde généralement pour reconnaître son indigence. La prédication dominicale en particulier était devenue une parenthèse au cours de laquelle on parlait de choses qui n'avaient aucun rapport avec l'assemblée. Je me souviens d'un plan de prédication sociale, selon lequel le sermon du quatrième dimanche après Pâques aurait pour objet les syndicats chrétiens. Il y avait d'ailleurs chez beaucoup de prêtres une certaine désaffection vis-à-vis de la prédication. Quant aux fidèles, ils ne se faisaient guère scrupule d'arriver après le sermon, quand ils ne profitaient pas de l'occasion pour aller boire un verre au café d'en face. Il y avait un déséquilibre dans l'assemblée dominicale. Le Concile a voulu rétablir l'équilibre en insistant sur l'importance de la prédication. Elle a toujours été un élément essentiel de l'assemblée dominicale. Le chrétien n'a pas seulement le droit de prendre part au repas du Seigneur, mais aussi celui de recevoir le pain de la parole de Dieu pour nourrir sa foi et sa piété. Or la parole de Dieu, ce n'est pas uniquement la lecture de la Bible, c'est aussi son commentaire par le président de l'assemblée. Telle est la plus ancienne et la plus authentique tradition à laquelle le Concile veut revenir. On ne répondrait pas aux intentions du Concile en juxtaposant à une célébration eucharistique une conférence sur un sujet quelconque. En rétablissant l'équilibre de l'assemblée, le Concile a voulu aussi lui rendre sa cohésion et son unité. La prédication doit être au service de la liturgie. Elle a pour but d'aider chacun des fidèles à assimiler l'enseignement de l'Écriture et à faire de l'assemblée une communauté de foi et de prière. Le fait que la liturgie se célèbre en langue vivante ne rend pas le sermon inutile, bien au contraire. Selon le désir du Concile, le répertoire des lectures a été enrichi, spécialement pour l'Ancien Testament. Le manque de formation biblique des catholiques rend le commentaire d'autant plus nécessaire.

Me voici arrivé au terme de mon propos. J'ai donné mon témoignage et j'ai rassemblé mes souvenirs sur le mouvement liturgique, depuis ses origines jusqu'à cet hiver 1972. Mon but était de montrer ce qu'il a été et comment il a abouti à la réforme postconciliaire. Je souhaite aussi que ceux qui doivent appliquer cette réforme en comprennent mieux l'esprit. On peut se demander quel sera l'impact de cette réforme sur la vie de l'Église. Je ne suis pas prophète ni voyante extralucide et je ne me risquerai pas à faire des prédictions à longue échéance. D'ailleurs j'imagine que le résultat ne sera pas le même partout et qu'il variera d'après la fidélité des responsables — prêtres et évêques — à l'esprit et à l'enseignement du Concile.

Pour ma part, je reste optimiste, parce que je n'ai jamais eu d'illusion. Je n'ai jamais attendu des résultats sensationnels. Imaginer que l'Église ferait une brusque mutation, après quoi elle deviendrait une communauté de saints, c'est une dangereuse illusion. Il suffit de relire la parabole de l'ivraie pour s'en convaincre. Mais il y a une autre parabole qui me donne confiance, c'est celle du semeur. Je crois à la puissance de la parole de Dieu. Quand elle ne rencontre pas d'obstacle, elle croît invinciblement et donne du fruit au centuple. Il y a beaucoup de bonne terre avide de s'ouvrir à la semence de la parole de Dieu, mais il faut qu'on la lui donne. C'est ce que demande le Concile : une prédication inspirée de la parole de Dieu, qui éclaire et nourrisse la foi des fidèles. C'est là, à mon avis, le problème le plus grave de la réforme liturgique. Le reste est secondaire. Je souhaite que les responsables en prennent de plus en plus conscience.

Cependant, si je reste optimiste, c'est avant tout parce que j'ai foi en l'Église. Je viens d'entrer dans ma 80e année. J'ai célébré le 14 juin le 50e anniversaire de mon ordination sacerdotale. Je rends grâce à Dieu d'avoir pu servir si longtemps le Christ et son Église. Ils sont pour moi inséparables. Malgré les abus et les scandales, l'Église du Christ est gardienne du dépôt de la foi. Elle est l'Église des apôtres, des martyrs et des saints de tous les temps. Pendant le Concile, l'Esprit-Saint lui a visiblement inspiré le désir de se purifier et de revenir à son idéal. Nous devons croire qu'il est toujours là, suivant la promesse du Christ, et qu'il achèvera l'œuvre qu'il a commencée.

INDEX DES NOMS CITÉS

Table des matières

9623 — Imprimé en Belgique par G E D I T S.A. - Tournai
D — 1973 — 0002 — 19